일본어 초급 1

日本語初級①

大地 한국어판

문형 설명과 번역

文型説明と翻訳〈韓国語版〉

山崎佳子・石井怜子・佐々木 薫・高橋美和子・町田恵子

スリーエーネットワーク

©2009 by 3A Corporation
All rights reserved. No part of this publication may be reproduced, stored in a retrieval system, or transmitted in any form or by any means, electronic, mechanical, photocopying, recording, or otherwise, without the prior written permission of the Publisher.

Published by 3A Corporation.
Shoei Bldg., 6-3, Sarugaku-cho 2-chome, Chiyoda-ku, Tokyo 101-0064, Japan

ISBN978-4-88319-504-6 C0081

First published 2009
Printed in Japan

이 책을 사용하시는 분들에게

이 책은『일본어 초급 1 大地(だいち) 메인 텍스트』의 부교재로, 메인 텍스트의 회화문 및 새로 나온 단어의 번역, 학습 항목의 해설, 관련 어휘 및 문화 정보 등이 실려 있습니다. 메인 텍스트와 함께 사용하십시오.

이 책의 구성

1. 이 책을 사용하시는 분들에게
2. 차례
3. 범례
4. 일본어의 특징
5. 등장인물
6. 1 ~ 22 과

각 과의 구성

회화문 : 회화문의 번역

어휘 : 새로 나온 어휘를 품사별로 나누어 명사, 동사, 형용사, 고유명사, 기타 순으로 배열하고, 그 뒤에 그림 안에 나오는 단어와 표의 제목 등을 제시하였습니다. ＊표가 붙은 것은 그 과에서 학습하는 단어와 관련된 단어 및 표현입니다.

문형 설명 : 각 과의 학습 항목에 대한 해설입니다. 예습과 복습을 할 때 새로 나온 학습 항목을 잘 이해할 수 있도록 구성하였습니다.

언어와 문화 정보 :
각 과와 관련이 있는 어휘 및 문화 정보입니다. 지식을 넓히고 더 깊이 이해하는 데 도움이 될 것입니다.

차례

이 책을 사용하시는 분들에게 ·· 3
범례 ·· 8
일본어의 특징 ·· 9
등장인물 ·· 10

はじめましょう ·· 13

1 저는 린 타이입니다 ·· 16
문형 설명
명사문 1 : 비과거 (긍정, 부정)
  N1 は N2 です, N じゃ ありません, S か
언어와 문화 정보 : 직업, 취미

2 그것은 무슨 CD 입니까? ·· 23
문형 설명
지시사 (指示詞) 1 : これ・それ・あれ
  これ／それ／あれ, この N／その N／あの N
언어와 문화 정보 : 메뉴

3 여기는 유리 대학교입니다 ·· 29
문형 설명
지시사 2 : ここ・そこ・あそこ
  ここ／そこ／あそこ, N1 は N2 (장소) です
언어와 문화 정보 : 캠퍼스 지도

4 내일 무엇을 합니까? ·· 35
문형 설명
동사문 1 : 비과거 (긍정, 부정)
  N を V ます, V ません, N (장소) で V ます
언어와 문화 정보 : 음식

5 시드니는 지금 몇 시입니까? ·· 41
문형 설명
동사문 2 : 과거 (긍정, 부정)
시간에 관한 표현
  V ました, V ませんでした, ―時― 分, N (시각) に V ます
언어와 문화 정보 : 무도

6 교토로 갑니다 ························ 48
문형 설명
동사문 3：行(い)きます／来(き)ます／帰(かえ)ります
　N（장소）へ 行(い)きます／来(き)ます／帰(かえ)ります
　N（때）に 行(い)きます／来(き)ます／帰(かえ)ります
　N（교통 수단）で 行(い)きます／来(き)ます／帰(かえ)ります
언어와 문화 정보：일본의 경축일

まとめ 1 ························ 56

7 사진이 아름답군요 ························ 57
문형 설명
형용사문 1：비과거 (긍정, 부정)
　Nは いA／なAです, Nは いAくないです／なAじゃ ありません
언어와 문화 정보：세계 유산

8 후지산은 어디에 있습니까? ························ 64
문형 설명
존재문
　N1（장소）に N2が あります／います
　N1は N2（장소）に います／あります
언어와 문화 정보：자연

9 어떤 스포츠를 좋아합니까? ························ 70
문형 설명
대상을 'が'로 나타내는 문장
　Nが 好(す)きです／嫌(きら)いです／上手(じょうず)です／下手(へた)です
　Nが 分(わ)かります, S1から、S2
언어와 문화 정보：스포츠, 영화, 음악

10 저는 와타나베 씨에게 다도를 배웠습니다 ························ 77
문형 설명
동사문 4：동작의 대상자나 주체를 조사 'に'로 나타내는 동사
　N1に N2（사물）を V
언어와 문화 정보：축하, 세뱃돈, 문병

11 도쿄하고 서울하고 어느 쪽이 춥습니까? ························ 83
문형 설명
비교
　N1は N2が A, N1は N2より A
　N1と N2と どちらが Aか, N1で N2が いちばん A
언어와 문화 정보：우주

12 여행은 어땠습니까? 89
문형 설명
형용사문 2, 명사문 2 : 과거 (긍정, 부정)
　いAかったです／なAでした／Nでした
　いAくなかったです／なAじゃ ありませんでした／Nじゃ ありませんでした
언어와 문화 정보 : 연중행사

まとめ 2 95

13 무엇인가 먹고 싶군요 96
문형 설명
ます형
　Nが 欲しいです, Nを Vたいです
　N1 (장소)へ　Vます／N2に 行きます／来ます／帰ります
언어와 문화 정보 : 교육

14 제 취미는 음악을 듣는 것입니다 103
문형 설명
동사의 그룹
사전형
보통체 (普通體) 회화 1
　わたしの 趣味は V dic. こと／Nです, V dic. こと／Nが できます
　V1 dic.／Nの まえに、V2
언어와 문화 정보 : 편의점

15 지금 다른 사람이 사용하고 있습니다 110
문형 설명
て형 1
보통체 회화 2
　V て ください, V て います
언어와 문화 정보 : 주방

16 조금 만져 봐도 됩니까? 117
문형 설명
て형 2
　V て も いいです, V ては いけません, V1 て、(V2 て、) V3
언어와 문화 정보 : 역

17 너무 무리하지 마십시오 123
문형 설명
ない형
て형 3

보통체 회화 3
　　Ｖないで ください、Ｖなくても いいです、Ｖ１てから、Ｖ２
언어와 문화 정보：컴퓨터와 이메일

18　일본 씨름을 본 적이 없습니다 ……………………………………………………… 129
문형 설명
た형
보통체 회화 4
　　Ｖた ことが あります、Ｖ１たり、Ｖ２たり します、Ｖ１た／Ｎの あとで、Ｖ２
언어와 문화 정보：도도부현

まとめ 3 ……………………………………………………………………………………… 135

19　역은 밝고 깨끗하다고 생각합니다 …………………………………………………… 136
문형 설명
보통형
보통체 회화 5
　　보통형と 思います、보통형と 言います
언어와 문화 정보：몸, 질병, 부상

20　이것은 여자 친구에게서 받은 티셔츠입니다 ………………………………………… 143
문형 설명
명사 수식
　　명사 수식
언어와 문화 정보：색, 무늬, 소재

21　비가 오면 투어는 취소됩니다 …………………………………………………………… 149
문형 설명
조건문
　　Ｓ１たら、Ｓ２、Ｖたら、Ｓ、Ｓ１ても、Ｓ２
언어와 문화 정보：일본의 시대 구분

22　식사를 만들어 주었습니다 ……………………………………………………………… 155
문형 설명
동사문 5：수수 동사（授受動詞）
　　Ｎ１（사람）に Ｎ２（물건）を くれる
　　Ｖて くれる、Ｖて もらう、Ｖて あげる
언어와 문화 정보：연하장

まとめ 4 ……………………………………………………………………………………… 161
巻末 …………………………………………………………………………………………… 162

범례

		〔예〕
N 명사		
N（장소）	장소에 관한 명사	〔ここ〕〔こうえん〕
N（사람）	사람에 관한 명사	〔せんせい〕〔おとこの ひと〕
N（위치）	위치에 관한 명사	〔まえ〕〔うえ〕
V 동사		
Vます	ます형	〔よみます〕
V~~ます~~	ます형의 어간	〔よみ〕
Vましょう	V~~ます~~＋ましょう	〔よみましょう〕
Vたい	V~~ます~~＋たい	〔よみたい〕
Vて	동사의 て형	〔よんで〕
Vた	동사의 た형	〔よんだ〕
Vない	동사의 ない형	〔よまない〕
Vないで	ない형의 て형	〔よまないで〕
Vなくても いいです	ない형의 어간＋なくても いいです	〔よまなくても いいです〕
V dic.	동사의 사전형	〔よむ〕
A 형용사		
いA	い형용사	〔おおきい〕
なA	な형용사	〔べんり［な］〕
いAくて	い형용사의 て형	〔おおきくて〕
なAで	な형용사문의 て형	〔べんりで〕
Nで	명사문의 て형	〔やすみで〕
S	문장, 절 (주어, 술어가 있는 것)	〔わたしは がくせいです。〕〔いい てんきです〕が、〔さむいです。〕
＊	활용표 중의 예외	〔＊いいです〕
＊	그 과에서 학습하는 단어와 관련된 단어나 표현	〔あさごはん＊〕

일본어의 특징

1. 일본어는 남성형과 여성형의 구별이 없다.
   또한 명사는 가산 명사와 불가산 명사의 구별, 단수형과 복수형의 구별이 없다.

2. 동사, 형용사는 어형이 바뀐다.

3. 일본어 문장에서는 조사가 단어와 단어의 관계를 보여주거나, 화자의 심리를 나타낸다.
   예 : は(주제), で(동작의 장소), を(동작의 대상) 등
   　　わたし は うち で えいが を みます。
   　　（저）　（집）　（영화）（봅니다）
   　　저는 집에서 영화를 봅니다.

4. 술어부는 문장 끝에 온다. 시제나 화자의 심리는 보통 문장 끝에서 표현한다. 또한 정중함의 차이도 문장 끝의 변화로 표현한다.

5. 어순은 비교적 자유롭다.

6. 수식어는 반드시 피수식어나 피수식구 앞에 온다.
   예 : わたしは うちで おもしろい えいが を みます。
   　　　　　　　　（재미있는）（영화）
   　　저는 집에서 재미있는 영화를 봅니다.

7. 말하지 않아도 문맥에서 알 수 있는 단어는 흔히 생략된다.

8. 표기법
   일본어는 ①히라가나, ②가타카나, ③한자, ④알파벳으로 표기한다.

   <u>木村</u> <u>さん</u>は <u>コンビニ</u> で <u>CD</u> を <u>買</u> <u>い</u>ました。
   　③　　①　　　②　　①　④①③　　①
   기무라 씨는 편의점에서 CD를 샀습니다.

등장인물

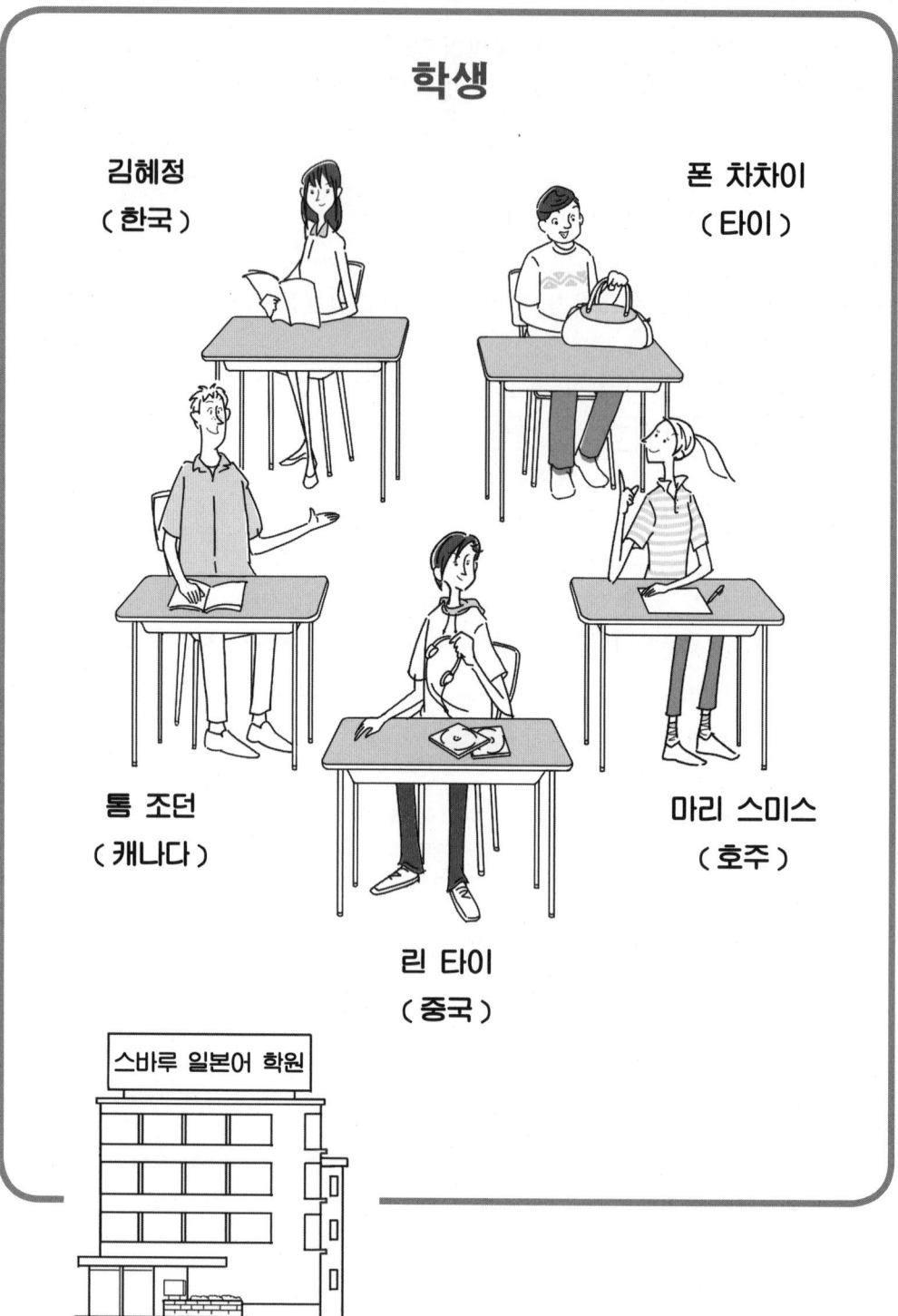

선생   사무원   관리인

스즈키 교코
(일본)

다나카 마사오
(일본)

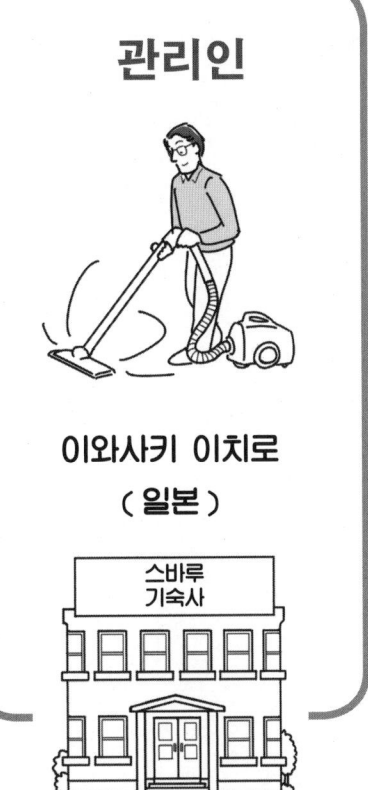

이와사키 이치로
(일본)

스바루 기숙사

기무라 하루에
(일본)

기무라 히로시
(일본)

와타나베 아키
(일본)

레 티 안
(베트남 . 엔지니어)

알랭 말레
(프랑스 . 은행원)

호세 카를로스
(페루 . 회사원)

はじめましょう

어휘

1.

おはよう ございます。	안녕하십니까? (아침 인사)
こんにちは。	안녕하십니까? (낮 인사)
こんばんは。	안녕하십니까? (저녁 인사)
さようなら。	안녕히 가십시오, 안녕히 계십시오.
ありがとう ございます。	감사합니다.
すみません。	미안합니다.
いただきます。	잘 먹겠습니다. (식사 전에 사용하는 관용구)
ごちそうさまでした。	잘 먹었습니다. (식사 후에 사용하는 관용구)
しつれいします。　失礼します。	실례합니다. (방에 들어갈 때나 그곳을 떠날 때 사용하는 관용구)

2-1.

ゼロ／れい	ゼロ／零	제로, 영
いち	一	일
に	二	이
さん	三	삼
よん／し	四	사
ご	五	오
ろく	六	육
なな／しち	七	칠
はち	八	팔
きゅう／く	九	구
じゅう	十	십

2-2.

けいさつ	警察	경찰

しょうぼうしょ	消防署	소방서
がっこう	学校	학교
しゃくしょ	市役所	시청
かいしゃ	会社	회사

2-3.

じゅういち	十一	십일
じゅうに	十二	십이
じゅうさん	十三	십삼
じゅうよん／ じゅうし	十四	십사
じゅうご	十五	십오
じゅうろく	十六	십육
じゅうなな／ じゅうしち	十七	십칠
じゅうはち	十八	십팔
じゅうきゅう／ じゅうく	十九	십구
にじゅう	二十	이십
さんじゅう	三十	삼십
よんじゅう	四十	사십
ごじゅう	五十	오십
ろくじゅう	六十	육십
ななじゅう／ しちじゅう	七十	칠십
はちじゅう	八十	팔십
きゅうじゅう	九十	구십
ひゃく	百	백

3-1.

一じ	一時	一시

3-2.

—じはん	—時半	—시 반
ごぜん	午前	오전
ごご	午後	오후

3-3.

いま なんじですか。	今 何時ですか。	지금 몇 시입니까?
～です。		～입니다.

4.

はじめましょう。	始めましょう。	시작합시다.
おわりましょう。	終わりましょう。	마칩시다.
やすみましょう。	休みましょう。	쉽시다.
わかりますか。	分かりますか。	알겠습니까?
はい、わかります。	はい、分かります。	네, 알겠습니다.
いいえ、わかりません。	いいえ、分かりません。	아니요, 모르겠습니다.
みて ください。	見て ください。	보십시오.
きいて ください。	聞いて ください。	들으십시오.
かいて ください。	書いて ください。	쓰십시오.
もう いちど いって ください。	もう 一度 言って ください。	다시 한번 말씀해 주십시오.

なまえ	名前	이름
しけん	試験	시험
しゅくだい	宿題	숙제
れい	例	예
しつもん	質問	질문
こたえ	答え	답, 대답
—ばん	—番	—번
—ページ		—페이지

5.

にほんごで なんですか。	日本語で 何ですか。	일본어로 뭐라고 합니까?
けいたいでんわ	携帯電話	휴대 전화

1 저는 린 타이입니다

회화문

린 타이 : 처음 뵙겠습니다. 저는 린 타이입니다. 잘 부탁합니다.
마리 스미스 : 저는 마리 스미스입니다. 잘 부탁합니다. 린 씨, 어느 나라에서 오셨습니까 (나라는 어디십니까)?
린 타이 : 중국입니다. 마리 씨는요?
마리 스미스 : 호주입니다.
린 타이 : 그렇습니까?

어휘

わたし		저
がくせい	学生	학생
～じん	～人	～인 (국적을 나타낼 때 사용하는 접미사)
エンジニア		엔지니어
～いん	～員	～원
ぎんこういん	銀行員	은행원
かいしゃいん	会社員	회사원
せんせい	先生	선생
けんきゅういん	研究員	연구원
にほんごがっこう	日本語学校	일본어 학원
だいがく	大学	대학, 대학교
りょう	寮	기숙사
かんりにん	管理人	관리인
(お)なまえ	(お)名前	이름 ('おなまえ'는 '성함')
(お)くに	(お)国	출신국 ('おくに'는 남의 출신국을 정중하게 말할 때 사용함)
しゅみ	趣味	취미
すいえい	水泳	수영
がっこう	学校	학교
ともだち	友達	친구
はい		네, 예
いいえ		아니요
～さん		～씨 (남의 이름에 붙이는 접미사)
そうです。		그렇습니다.
はじめまして。	初めまして。	처음 뵙겠습니다. (당신을 처음 만났다는 뜻)
どうぞ よろしく おねがいします。(どうぞ よろしく。)	どうぞ よろしく お願いします。	잘 부탁합니다.

こちらこそ どうぞ よろしく おねがいします。(こちらこそ どうぞ よろしく。)	こちらこそ どうぞ よろしく お願いします。	저야말로 잘 부탁합니다.
すみません。		저…
おなまえは？	お名前は？	성함은 어떻게 되십니까？
おくには どちらですか。	お国は どちらですか。	어느 나라에서 오셨습니까？ (출신국은 어디입니까？)
～から きました。	～から 来ました。	～에서 왔습니다.
～は？		～는요？
そうですか。		그렇습니까？
れい	例	예

ちゅうごく	中国	중국
ペルー		페루
オーストラリア		호주
フランス		프랑스
ベトナム		베트남
タイ		타이, 태국
にほん	日本	일본
アメリカ		미국
かんこく	韓国	한국
リン・タイ		린 타이
アラン・マレ		알랭 말레
レ・ティ・アン		레 티 안
マリー・スミス		마리 스미스
ポン・チャチャイ		폰 차차이
エミ		에미
キム・ヘジョン		김혜정
イ・ミジャ		이미자
すずき きょうこ	鈴木 京子	스즈키 쿄코
さとう さゆり	佐藤 さゆり	사토 사유리

のぐち おさむ	野口 修	노구치 오사무
ナルコ・ハルトノ		나르코 하르토노
いわさき いちろう	岩崎 一郎	이와사키 이치로
きむら はるえ	木村 春江	기무라 하루에
きむら ひろし	木村 洋	기무라 히로시
スバルにほんごがっこう	スバル日本語学校	스바루 일본어 학원
みどりだいがく	みどり大学	미도리 대학교
ＩＴ コンピューター(アイティー)		IT 컴퓨터
スバルりょう	スバル寮	스바루 기숙사
つかいましょう	使いましょう	사용해 봅시다.

문형 설명

명사문 1 : 비과거 (긍정, 부정)

1. わたしは リン・タイです。   저는 린 타이입니다.
   ● N1 は　N2 です
   1) 'は'는 문장의 주제를 나타내는 조사이다. N1을 주제로 삼고 그것을 N2로 설명하는 구문이다.

   > 조사 'は'는 'わ'라고 읽는다.

   2) 'です'는 N2에 대하여 판단하거나 단정하는 뜻을 나타낸다.

2. ポンさんは がくせいですか。   폰 씨는 학생입니까?
   ● S か
   1) 'か'는 문장 끝에 붙어서 의문문을 만드는 조사이다.
   의문문의 어순은 평서문과 같다. 문장 끝의 'か'는 높게 발음한다.
   2) 의문문의 내용이 옳다고 판단하거나 동의할 때는 'はい', 옳지 않다고 판단할 때는 'いいえ'로 대답한다. ⇒ **3**-2)
   A : アンさんは がくせいですか。   안 씨는 학생입니까?
   B : はい、がくせいです。   네, 학생입니다.

   > 문장의 주제가 분명할 때는 '주제+は'는 생략된다.

   3) 'はい、そうです'는 '네, 그렇습니다'라는 뜻으로, 명사문의 의문문에 대한 긍정 대답으로 사용한다.
   A : アンさんは がくせいですか。   안 씨는 학생입니까?
   B : はい、そうです。   네, 그렇습니다.

3. アンさんは がくせいじゃ ありません。   안 씨는 학생이 아닙니다.
   ● N じゃ ありません
   1) 'じゃありません'은 'です'의 부정형이다.

2) 'じゃありません'은 의문문의 내용이 옳지 않다고 판단할 때나 동의 하지 않을 때 'いいえ'와 함께 사용한다.
   A：アンさんは がくせいですか。 안 씨는 학생입니까?
   B：いいえ、がくせいじゃ ありません。 아니요, 학생이 아닙니다.

4. キムさんも がくせいです。 김혜정 씨도 학생입니다.
  ● N1 も N2 です
조사 'も'는 '도'라는 뜻이다. 'は'의 자리에 넣어서 사용한다.
リンさんは がくせいです。 린 씨는 학생입니다.
キムさんも がくせいです。 김혜정 씨도 학생입니다.

5. リンさんは にほんごがっこうの がくせいです。
린 씨는 일본어 학원 학생입니다.
  ● N1 の N2
'の'는 두 명사를 이어 주는 조사이다. N1이 반드시 N2를 수식한다. 이 문장의 N1은 N2가 소속된 단체, 조직이다.

'～さん'은 청자나 제3자의 성 또는 이름에 붙여서 화자의 경의를 표시한다. 화자 본인의 이름에는 붙이지 않는다.

'(お)くに' '(お)なまえ' 등의 'お'는 정중함을 나타낸다. 화자 본인의 이름이나 국가명에는 붙이지 않는다.

언어와 문화 정보

1 職業・趣味 직업, 취미

1. 職業 직업

会社員 / 회사원 公務員 / 공무원 研究員 / 연구원 教師 / 교사

学生 / 학생 主婦 / 주부 医師 / 의사 弁護士 / 변호사

看護師 / 간호사 警察官 / 경찰관 農家 / 농가, 농업 エンジニア / 엔지니어, 기술자

2. 趣味 취미

バドミントン 배드민턴   テニス 테니스   水泳 수영
山登り 등산   読書 독서   旅行 여행
映画 영화   音楽 음악   買い物 쇼핑
写真 사진   料理 요리   アニメ 애니메이션

2 그것은 무슨 CD 입니까?

회화문

린 타이 : 마리 씨, 그것은 무슨 CD 입니까?
마리 스미스 : 일본어 CD 입니다.
린 타이 : 마리 씨 CD 입니까?
마리 스미스 : 아니요, 제 것이 아닙니다.
린 타이 : 누구 CD 입니까?
마리 스미스 : 김혜정 씨 것입니다.

어휘

これ		이것 (화자에 가까운 사물을 가리킴)
それ		그것 (청자에 가까운 사물을 가리킴)
あれ		저것 (멀리 있는 사물을 가리킴)
この		이
その		그
あの		저
ノート		노트
ほん	本	책
ざっし	雑誌	잡지
パソコン		PC
かさ	傘	우산
かばん		가방
テレビ		텔레비전
ボールペン		볼펜
さいふ	財布	지갑
しんぶん	新聞	신문
さとう	砂糖	설탕
しお	塩	소금
しょうゆ		간장
ソース		소스
うどん		우동
そば		메밀국수
みず	水	물
ジュース		주스
こうちゃ	紅茶	홍차
コーヒー		커피
カタログ		카탈로그
コンピューター		컴퓨터
カメラ		카메라
けいたいでんわ	携帯電話	휴대 전화

くるま	車	자동차
～せい	～製	～제
ひと	人	사람
シャープペンシル		샤프
とりにく	とり肉	닭고기
ぶたにく	豚肉	돼지고기
ぎゅうどん	牛どん	쇠고기 덮밥
ぎゅうにく	牛肉	쇠고기
にく	肉	고기
おやこどん	親子どん	닭고기 계란 덮밥
すきやき	すき焼き	전골
ラーメン		라면
やきにくていしょく	焼肉定食	불고기 정식
CD (シーディー)		CD
～ご	～語	～어
なん	何	무엇
だれ		누구

ドイツ		독일
イタリア		이탈리아
イギリス		영국
わたなべ あき	渡辺 あき	와타나베 아키
トム・ジョーダン		톰 조던

문형 설명

지시사 (指示詞) 1 : これ・それ・あれ

1. これは ノートです。　이것은 노트입니다.

   ●これ／それ／あれ

   'これ' 'それ' 'あれ'는 지시사이다. 명사를 동반하지 않고 단독으로 쓴다.

   'これ'는 화자에 가까운 사물을 가리킨다.

   'それ'는 청자에 가까운 사물을 가리킨다.

   'あれ'는 화자 및 청자에게서 떨어진 곳에 있는 사물을 가리킨다.

2. A : これは なんですか。　이것은 무엇입니까?
   B : ボールペンです。　볼펜입니다.

   ●なん

   'なん'은 '무엇'이라는 뜻으로, 사물이 무엇인지 묻는 의문사이다.
   의문사를 사용하는 의문문도 어순은 평서문과 같다.

3. A : これは なんの カタログですか。　이것은 무슨 카탈로그입니까?
   B : コンピューターの カタログです。　컴퓨터 카탈로그입니다.

   ●なんの N

   N의 내용이나 종류를 물을 때 'なんの N'을 사용한다.

4. この くるまは にほんせいです。　이 자동차는 일본제입니다.

   ●この N／その N／あの N

   'この' 'その' 'あの'는 반드시 뒤에 명사가 따른다.

   'この N'은 화자에 가까운 사물이나 사람을 가리킨다.

   'その N'은 청자에 가까운 사물이나 사람을 가리킨다.

   'あの N'은 화자 및 청자에서 떨어진 곳에 있는 사물이나 사람을 가리킨다.

5. A : あの ひとは だれですか。　　저 사람은 누구입니까?
　　B : リンさんです。　　　　　　린 씨입니다.

● だれ

'だれ'는 '누구'라는 뜻으로, 사람이 누구인지 묻는 의문사이다.

6. それは わたしの ほんです。　그것은 제 책입니다.

● N1 の N2

1) 이 문장의 조사 'の'는 소유자를 나타낸다. 'わたしの'는 '저의 (제)' 라는 뜻이다.
　　'の' 뒤에 오는 명사가 문맥상 분명한 경우에는 다음과 같이 명사가 생략되는 일이 많다.
　　それは わたしのです。　그것은 제 것입니다.
2) 물건의 소유자를 물을 때는 'だれの' (누구의)를 사용한다.
　　それは だれの ほんですか。　그것은 누구(의) 책입니까?
　　それは だれのですか。　그것은 누구(의) 것입니까?

7. A : これは さとうですか、しおですか。　이것은 설탕입니까, 소금입니까?
　　B : さとうです。　　　　　　　　　　　　설탕입니다.

● S1 か S2 か

S1 이냐 S2 냐를 묻는 의문문이다.
대답은 'はい' 'いいえ'를 사용하지 않고 직접 어느 한 쪽을 선택해서 말한다.

언어와 문화 정보

メニュー 메뉴

どんぶり 덮밥

牛どん
쇠고기 덮밥

天どん
튀김 덮밥

おにぎり 주먹밥

さけ 연어
梅干し 매실 장아찌
ツナマヨ 참치 마요네즈

めん 면

ラーメン 라면   うどん 우동   そば 메밀국수   スパゲティ 스파게티

定食 정식

魚 생선
漬物 장아찌, 절임
ご飯 밥
みそ汁 된장국
焼魚定食 생선 구이 정식

さしみ定食 회 정식
焼肉定食 불고기 정식
天ぷら定食 튀김 정식

弁当 도시락

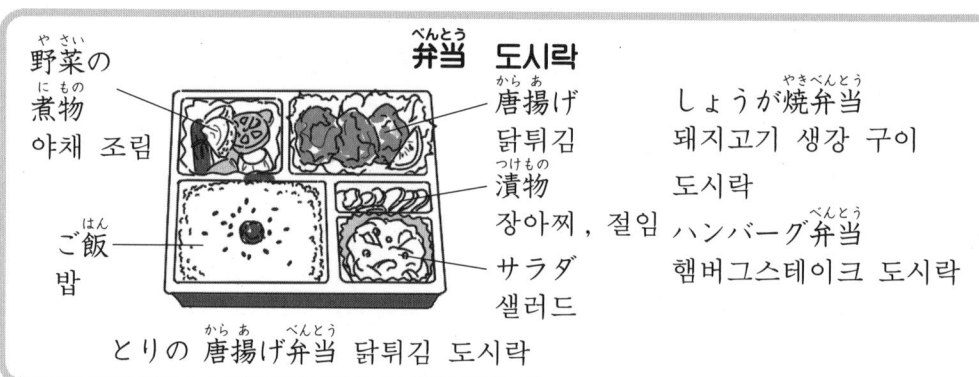

野菜の煮物 야채 조림
唐揚げ 닭튀김
漬物 장아찌, 절임
ご飯 밥
サラダ 샐러드
とりの唐揚げ弁当 닭튀김 도시락

しょうが焼弁当 돼지고기 생강 구이 도시락
ハンバーグ弁当 햄버그스테이크 도시락

3 여기는 유리 대학교입니다

회화문

폰 차차이 : 저, 여기는 미도리 대학교입니까?
학생　　　: 아니요, 유리 대학교입니다.
폰 차차이 : 미도리 대학교는 어디입니까?
학생　　　: 저기입니다.
폰 차차이 : 그렇습니까? 고맙습니다.

어휘

ここ		여기
そこ		거기
あそこ		저기
しょくどう	食堂	식당
うけつけ	受付	접수 창구
～しつ	～室	～실
じむしつ	事務室	사무실
かいぎしつ	会議室	회의실
コンピューターしつ	コンピューター室	컴퓨터실
トイレ		화장실
としょしつ	図書室	도서실
きょうしつ	教室	교실
ロビー		로비
コピーき	コピー機	복사기
ゆうびんきょく	郵便局	우체국
びょういん	病院	병원
たいしかん	大使館	대사관
ぎんこう	銀行	은행
コンビニ		편의점
デパート		백화점
えき	駅	역
じしょ	辞書	사전
ちず	地図	지도
れいぞうこ	冷蔵庫	냉장고
エアコン		에어컨
とけい	時計	시계
でんしレンジ	電子レンジ	전자레인지
せんたくき	洗濯機	세탁기
そうじき	掃除機	청소기
ポット		보온병
おちゃ	お茶	차, 녹차
ワイン		와인
ビール		맥주
チョコレート		초콜릿

くつ	靴	신발
ゼロ／れい	ゼロ／零	제로, 영
いち	一	일
に	二	이
さん	三	삼
よん／し	四	사
ご	五	오
ろく	六	육
なな／しち	七	칠
はち	八	팔
きゅう／く	九	구
じゅう	十	십
ひゃく（びゃく／ぴゃく）	百	백
せん（ぜん）	千	천
まん	万	만
―かい／がい	―階	―층
なん～	何～	몇 ～
なんがい	何階	몇 층
―えん	―円	―엔
どこ		어디
いくら		얼마
じゃ		그럼
ちがいます。	違います。	아닙니다.
どうも。		고맙습니다.
～を ください。		～를 주십시오.
おいしいですね。		맛있군요.

サントリー		산토리
ロッテ		롯데
ナイキ		나이키
アップル		애플
キヤノン		캐논
ゆりだいがく	ゆり大学	유리 대학교

문형 설명

지시사 2 : ここ・そこ・あそこ

1. ここは しょくどうです。　여기는 식당입니다.

  ● ここ／そこ／あそこ

  'ここ' 'そこ' 'あそこ'는 장소를 가리키는 지시사이다.
  'ここ'는 화자가 있는 곳을 가리킨다.
  'そこ'는 청자가 있는 곳을 가리킨다.
  'あそこ'는 화자 및 청자에게서 떨어진 곳을 가리킨다.

  > 화자와 청자가 같은 영역에 있다고 판단될 때는 그 영역 안은 'ここ'로 나타낸다.

2. コピーきは あそこです。　복사기는 저기 있습니다(저기입니다).

  ● N1 は N2(장소)です

  1) 사람이나 사물이 있는 장소를 나타낸다.
     コピーきは あそこです。　복사기는 저기 있습니다(저기입니다).
     トイレは そこです。　화장실은 거기입니다.
     マリーさんは しょくどうです。　마리 씨는 식당에 있습니다(식당입니다).
  2) 'どこ'는 '어디'라는 뜻으로, 장소가 어디인지 묻는 의문사이다.
     A : コピーきは どこですか。　복사기는 어디 있습니까(어디입니까)?
     B : あそこです。　저기 있습니다(저기입니다).

3. この パソコンは 89,000 えんです。　이 PC는 89,000 엔입니다.

  ● ―えんです

  1) '―えん'은 일본의 통화 단위를 나타내는 조수사이다.
  2) 'いくら'는 '얼마'라는 뜻으로, 값이 얼마인지 묻는 의문사이다.
     A : この パソコンは いくらですか。　이 PC는 얼마입니까?
     B : 89,000 えんです。　89,000 엔입니다.

4.
```
A : それは どこの くるまですか。
B : アメリカの くるまです。
```
그것은 어디의 자동차입니까?
미국의 자동차입니다.

● **どこの N**

1) 이 문장의 조사 'の'는 생산국이나 생산 회사를 나타낸다.
2) 생산국이나 제조 회사를 물을 때 'どこの N' (어디의 N)을 사용한다. 조사 'の'는 'N1 の N2' 형태로 뒤에 오는 명사를 수식해서 소유자, 내용, 종류 등을 나타낼 때 사용한다.

こ／そ／あ

	こ	そ	あ
사물	これ	それ	あれ
사물, 사람	この N	その N	あの N
장소	ここ	そこ	あそこ

---

1) '1 かい' (1층) '8,900 えん' (8,900 엔) 등의 '―かい' '―えん' 은 조수사이다.
2) 사물의 수나 양을 셀 때 수사 뒤에 조수사를 붙인다. 조수사는 수를 세는 대상에 따라 달라진다.

언어와 문화 정보

キャンパスマップ 캠퍼스 지도

- 駐車場 / 주차장
- 講堂 / 강당
- 大学病院 / 대학 병원
- 体育館 / 체육관
- 学生食堂 / 학생 식당
- プール / 수영장
- グラウンド / 운동장
- 生協 / 생협
- 留学生会館 / 유학생 회관
- 保健センター / 보건 센터
- 寮 / 기숙사
- 駐輪場 / 자전거 주차장
- 図書館 / 도서관
- 正門 / 정문
- バス停 / 버스 정류장

4 내일 무엇을 합니까?

회화문

김   : 톰 씨, 내일 무엇을 합니까?
조던 : 테니스를 합니다.
김   : 그렇습니까? 어디서 합니까?
조던 : 학교에서 합니다. 김혜정 씨는요?
김   : 저는 집에서 한국 영화를 봅니다.
조던 : 그렇습니까?

어휘

パン		빵
さかな	魚	생선
くだもの	果物	과일
やさい	野菜	야채
カレー		카레
ぎゅうにゅう	牛乳	우유
(お)さけ	(お)酒	술, 사케
たまご	卵	계란
えいが	映画	영화
おんがく	音楽	음악
クラシック		클래식
ジャズ*		재즈
ロック*		록
ジェー J-ポップ*		제이팝(일본 팝뮤직)
テニス		테니스
しゅくだい	宿題	숙제
ジョギング		조깅
サッカー		축구
ゲーム		게임
てがみ	手紙	편지
おかね	お金	돈
きって	切手	우표
としょかん	図書館	도서관
こうえん	公園	공원
うち		집, 자택, 우리 집
レストラン		레스토랑
スーパー		마트
〜や	〜屋	〜가게
パンや	パン屋	빵집
ひるごはん	昼ご飯	점심

あさごはん*	朝ご飯	아침밥
ばんごはん*	晩ご飯	저녁밥
ごはん*	ご飯	밥
(お)べんとう	(お)弁当	도시락
りょうり	料理	요리
こんばん	今晩	오늘 저녁, 오늘 밤
あした		내일
きょう*	今日	오늘
あさって*		모레
まいあさ	毎朝	매일 아침
まいばん*	毎晩	매일 저녁, 매일 밤
まいにち*	毎日	매일
たべます Ⅱ	食べます	먹습니다
のみます Ⅰ	飲みます	마십니다
かいます Ⅰ	買います	삽니다
かきます Ⅰ	書きます	씁니다
ききます Ⅰ	聞きます	듣습니다
みます Ⅱ	見ます	봅니다
よみます Ⅰ	読みます	읽습니다
します Ⅲ		합니다
おろします[おかねを～] Ⅰ	下ろします[お金を～]	찾습니다 [돈을～]
なに	何	무엇
いつも		항상
ときどき	時々	가끔
それから		그리고 나서
しつもん	質問	질문

4

문형 설명

동사문 1 : 비과거 (긍정, 부정)

1. アンさんは パンを 食べます。 안 씨는 빵을 먹습니다.
   ● N を V ます
   1) 동사문으로 '누가 무엇을 한다'는 뜻이다. 'を'는 동작의 대상을 나타내는 조사이다.

      > 조사 'を'는 'お'라고 읽는다. 히라가나 'を'는 조사에만 사용된다.

   2) 'V ます'는 비과거 긍정형으로 습관적인 행동, 미래의 행동, 화자의 의사를 나타낸다.

   3) 'なに'는 '무엇'이라는 뜻으로, 동작의 대상을 묻는 의문사이다.
      A : アンさんは 何を 食べますか。 안 씨는 무엇을 먹습니까?
      B : パンを 食べます。 빵을 먹습니다.

2. わたしは コーヒーを 飲みません。 저는 커피를 마시지 않습니다.
   ● V ません
   1) 'V ません'은 'V ます'의 부정형이다.
      'V ません' 형태는 아래와 같이 'ます'를 'ません'으로 바꾸어서 만든다.

비과거 · 긍정	비과거 · 부정
のみます	のみません
ききます	ききません

   2) 질문에 답할 때 쓰는 긍정, 부정의 대답은 아래와 같은 형태가 된다.
      A : コーヒーを 飲みますか。 커피를 마십니까?
      B 1 : はい、飲みます。 네, 마십니다.
      B 2 : いいえ、飲みません。 아니요, 마시지 않습니다.

      > 문맥상 동작의 대상이 분명한 경우에는 '동작의 대상+を'가 생략된다.

3. わたしは 何も 食べません。 저는 아무것도 먹지 않습니다.
   ●何も V ません
   'なにも' (의문사 'なに' +조사 'も')를 포함한 동사 부정문은 전면적인 부정을 나타낸다.

A ：何を 食べますか。　무엇을 먹습니까?
　　　B1：ラーメンを 食べます。　라면을 먹습니다.
　　　B2：何も 食べません。　아무것도 먹지 않습니다.

4. わたしは コンビニで パンを 買います。　저는 편의점에서 빵을 삽니다.
　●N(장소)で　Vます
　1) 'で'는 '에서'라는 뜻으로, 동작이 일어나는 장소를 나타내는 조사이다.
　2) 동작이 일어나는 장소를 물을 때 'どこで'를 사용한다.
　　　A：どこで パンを 買いますか。　어디에서 빵을 삽니까?
　　　B：コンビニで 買います。　편의점에서 삽니다.

---

① テニスを します。それから、テレビを 見ます。
　테니스를 합니다. 그리고 나서 텔레비전을 봅니다.
　'それから'는 '그리고 나서'라는 뜻으로, 일이 일어나는 순서로 두 문장을 나열할 때 사용하는 접속사이다.

② パンと 野菜を 食べます。　빵과 야채를 먹습니다.
　'と'는 '과'라는 뜻으로, 명사와 명사를 연결해서 나열할 때 사용하는 접속사이다. 문장들을 접속시킬 수는 없다.

'なに'와 'なん'은 같은 뜻이다.
뒤에 오는 단어가 아래와 같은 경우에만 'なん'을 사용하고, 그 외의 경우에는 'なに'를 사용한다.
1) 'た'행, 'だ'행, 'な'행 소리로 시작되는 단어가 뒤에 오는 경우
　これは 何ですか。　이것은 무엇입니까?
　これは 何の 本ですか。　이것은 무슨 책입니까?
2) 조수사가 뒤에 오는 경우
　何階ですか。　몇 층입니까?
　今 何時ですか。　지금 몇 시입니까? ⇒ 5과

언어와 문화 정보

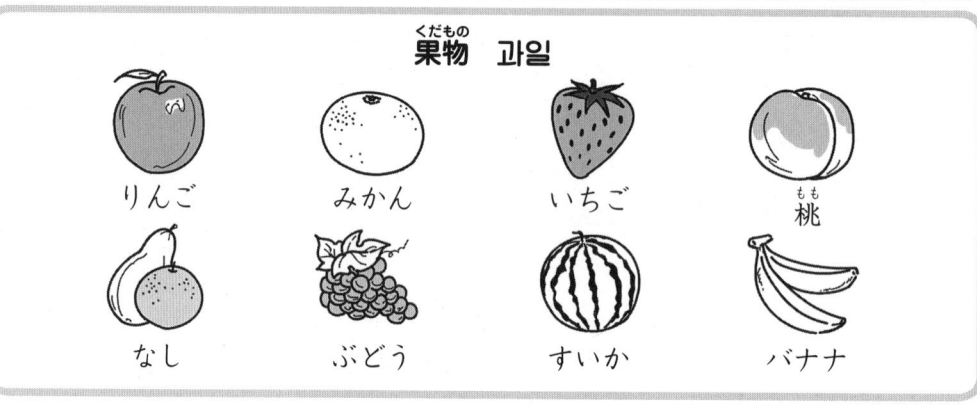

食(た)べ物(もの) 음식

野(や)菜(さい) 야채

じゃがいも	たまねぎ	にんじん	レタス
きゅうり	トマト	キャベツ	ねぎ

果(くだ)物(もの) 과일

りんご	みかん	いちご	桃(もも)
なし	ぶどう	すいか	バナナ

魚(さかな)や貝(かい) 생선과 조개류

まぐろ	さけ	さんま	えび
かに	いか	たこ	あさり

肉(にく) 고기

牛(ぎゅう)肉(にく)	豚(ぶた)肉(にく)	とり肉(にく)	ラム肉(にく)

5 시드니는 지금 몇 시입니까?

회화문

김　　　： 시드니 일본어 학원 여러분, 안녕하십니까?
학생들： 안녕하십니까?
김　　　： 시드니는 지금 몇 시입니까?
학생　： 12시 반입니다.
김　　　： 매일 일본어를 공부합니까?
학생　： 네, 매일 10시부터 12시까지 공부합니다.
김　　　： 오늘 무엇을 공부했습니까?
학생　： 회화와 한자를 공부했습니다.
김　　　： 그렇습니까?

어휘

いま	今	지금
ごぜん	午前	오전
ごご	午後	오후
—じ	—時	—시
—ふん／ぷん	—分	—분
—じはん	—時半	—시 반
なんじ	何時	몇 시
なんぷん*	何分	몇 분
インターネット		인터넷
メール		메일
コンサート		콘서트
せつめい	説明	설명
〜かい	〜会	〜회
せつめいかい	説明会	설명회
パーティー		파티
ぶんぽう	文法	문법
かいわ	会話	회화
かんじ	漢字	한자
ていしょく	定食	정식
アルバイト		아르바이트
(お)ふろ	(お)風呂	목욕탕
おすもうさん	お相撲さん	스모 선수, 일본 씨름 선수
みなさん	皆さん	여러분
せんしゅう	先週	지난주
こんしゅう*	今週	이번주
らいしゅう*	来週	다음주
まいしゅう*	毎週	매주
げつようび	月曜日	월요일
かようび	火曜日	화요일
すいようび	水曜日	수요일

もくようび	木曜日	목요일
きんようび	金曜日	금요일
どようび	土曜日	토요일
にちようび	日曜日	일요일
なんようび*	何曜日	무슨 요일
きのう	昨日	어제
おととい*		그저께
あさ	朝	아침
けさ*	今朝	오늘 아침
ひる*	昼	낮
ばん*	晩	저녁, 밤
よる*	夜	밤
おきます Ⅱ	起きます	일어납니다
ねます Ⅱ	寝ます	잡니다
べんきょうします Ⅲ	勉強します	공부합니다
けんきゅうします Ⅲ	研究します	연구합니다
はたらきます Ⅰ	働きます	일합니다
およぎます Ⅰ	泳ぎます	수영합니다
おわります Ⅰ	終わります	끝납니다
はじまります* Ⅰ	始まります	시작합니다
れんしゅうします Ⅲ	練習します	연습합니다
はいります Ⅰ	入ります	들어갑니다, 들어옵니다 （장소+に）
やすみます Ⅰ	休みます	쉽니다
つくります Ⅰ	作ります	만듭니다
―さい	―歳	―살
なんさい	何歳	몇 살
～から		～부터, ～에서
～まで		～까지
～ごろ		～쯤
もしもし		여보세요. (전화 통화시에 상대를 부르는 관용구)
おはよう ございます。		안녕하십니까? (아침 인사)

ロンドン		런던
ペキン		베이징
とうきょう	東京	도쿄
シカゴ		시카고
ニューヨーク		뉴욕
カイロ		카이로
バンコク		방콕
シドニー		시드니
サンパウロ		상파울루
モンゴル		몽골
すばるやま	すばる山	스바루야마
ぶんかセンター	文化センター	문화 센터
えいがかい	映画会	영화회, 영화 상영회

문형 설명

동사문 2 : 과거 (긍정, 부정)
시간에 관한 표현

1. 今 8時15分です。　지금 8시 15분입니다.
   - ●―時 ―分

   1) 시각을 나타내는 표현으로, 수사 뒤에 조수사 'じ'(시) 'ふん/ぷん'(분)을 붙여서 쓴다. '―ふん'와 '―ぷん' 2가지 발음이 있다는 점에 주의하자.
   2) 시각을 물을 때는 의문사 'なんじ' 'なんぷん'을 사용한다.
      A : 今 何時ですか。　지금 몇 시입니까?
      B : 8時15分です。　8시 15분입니다.

2. わたしは 毎朝 7時半に 起きます。저는 매일 아침 7시 반에 일어납니다.
   - ●N(시각)に V ます

   1) 'に'는 '에'라는 뜻으로, 동작이 일어나는 때를 나타내는 조사이다.
   2) 동작이 일어나는 시각을 물을 때 'なんじに'를 사용한다.
      A : リンさんは 毎朝 何時に 起きますか。
        린 씨는 매일 아침 몇 시에 일어납니까?
      B : 7時半に 起きます。　7시 반에 일어납니다.

3. わたしは 月曜日から 金曜日まで 勉強します。
    저는 월요일부터 금요일까지 공부합니다.
   - ●N1 から N2 まで

   1) 'から'는 '부터' '에서'라는 뜻으로, 시간이나 장소의 기점을 나타내는 조사이다. 'まで'는 '까지'라는 뜻으로, 시간이나 장소의 종점이나 도달점을 나타내는 조사이다.
      月曜日から 金曜日まで　월요일부터 금요일까지
      9時から 12時40分まで　9시부터 12시 40분까지
   2) '～から' '～まで'는 뒤에 'です'가 바로 붙어서 쓰일 때도 있다.
      学校は 9時から 12時40分までです。
      학교는 9시부터 12시 40분까지입니다.
      映画は 何時からですか。　영화는 몇 시부터입니까?

4. わたしは 昨日 カメラを 買いました。   저는 어제 카메라를 샀습니다.
　●V ました

'V ました'는 'V ます'의 과거형이다.

'V ました' 형태는 'ます'를 'ました'로 바꾸어서 만든다.

5. わたしは 昨日 新聞を 読みませんでした。 저는 어제 신문을 읽지 않았습니다.
　●V ませんでした

'V ませんでした'는 'V ません'의 과거형이다.

'V ませんでした' 형태는 'ません'을 'ませんでした'로 바꾸어서 만든다.

비과거		과거	
긍정	부정	긍정	부정
かいます	かいません	かいました	かいませんでした
します	しません	しました	しませんでした
ねます	ねません	ねました	ねませんでした

① 12時ごろ 寝ました。　12시경에 잤습니다.

　'ごろ'는 '경, 쯤'이라는 뜻으로, 대략의 시각을 나타내는 조사이다.

언어와 문화 정보
武道 무도

1. 伝統的な 武道 전통 무도

剣道 검도 　　柔道 유도 　　空手 가라테

相撲 일본 씨름 　　弓道 궁도 　　合気道 합기도

2. 相撲 일본 씨름

力士(お相撲さん)と 行司
선수와 심판

土俵 일본 씨름판

일본 씨름 대회는 15일에 걸쳐서 매년 여섯 번(도쿄에서 세 번, 나고야, 오사카, 후쿠오카에서 각각 한 번씩) 열린다. 승수가 제일 많은 선수가 우승한다. 선수는 리키시(오스모산)이라고 불리며, 프로 마쿠우치(높은 계급) 선수는 여섯 계급으로 나뉘는데, 제일 높은 계급이 요코즈나이다. 젊은 선수들은 스모베야(소속 체육관)에서 오야카타(스모베야 관장)의 지도를 받으며 집단 생활을 하면서 연습을 한다.

6 교토에 갑니다

회화문

다나카 : 마리 씨, 이번 주말에 무엇을 합니까?
스미스 : 교토에 갑니다.
다나카 : 좋네요. 저도 고등학교 때 (고등학생 때) 갔었습니다.
　　　　 교토에서 무엇을 합니까?
스미스 : 친구를 만납니다. 그리고 절에서 일본 요리를 먹습니다.
다나카 : 언제 돌아옵니까?
스미스 : 일요일 밤에 돌아옵니다.

어휘

たんじょうび	誕生日	생일
バス		버스
ひこうき	飛行機	비행기
でんしゃ	電車	전철
じてんしゃ	自転車	자전거
ちかてつ	地下鉄	지하철
どうぶつえん	動物園	동물원
パンダ		판다
サラダ		샐러드
ケーキ		케이크
プール		수영장
ドライブ		드라이브
(お)まつり	(お)祭り	축제
バイク		오토바이
はなび	花火	불꽃놀이
(お)てら	(お)寺	절
しんかんせん	新幹線	신칸센
おんせん	温泉	온천
ふね	船	배, 선박
こうこうせい	高校生	고등학생
しゅうまつ	週末	주말
なつやすみ	夏休み	여름 방학, 여름철 휴가
ふゆやすみ*	冬休み	겨울 방학, 겨울철 휴가
らいげつ	来月	다음달
こんげつ*	今月	이번달
せんげつ*	先月	지난달
きょねん	去年	작년
ことし*	今年	올해
らいねん*	来年	내년
いきます Ⅰ	行きます	갑니다
かえります Ⅰ	帰ります	돌아갑니다, 돌아옵니다

6

49

きます Ⅲ	来ます	옵니다
しょくじします Ⅲ	食事します	식사합니다
あいます Ⅰ	会います	만납니다 (사람+に)
—がつ	—月	—월
なんがつ*	何月	몇 월
—にち	—日	—일
なんにち*	何日	며칠
ついたち	1日	1일, 하루
ふつか	2日	2일, 이틀
みっか	3日	3일, 사흘
よっか	4日	4일, 나흘
いつか	5日	5일, 닷새
むいか	6日	6일, 엿새
なのか	7日	7일, 이레
ようか	8日	8일, 여드레
ここのか	9日	9일, 아흐레
とおか	10日	10일, 열흘
じゅうよっか	14日	14일, 14일간
はつか	20日	20일, 20일간
にじゅうよっか	24日	24일, 24일간
いつ		언제
あるいて	歩いて	걸어서
いっしょに	一緒に	같이, 함께
ひとりで	一人で	혼자서
こんど	今度	이번
ええ		네 (보통체 말투)
～とき、～		～때～
いいですね。		좋네요. 좋은 생각이네요.
すみません。		미안합니다

ちょっと……。		좀...

ほっかいどう	北海道	홋카이도
さっぽろ	札幌	삿포로
せんだい	仙台	센다이
よこはま	横浜	요코하마
なごや	名古屋	나고야
きょうと	京都	교토
おおさか	大阪	오사카
ひろしま	広島	히로시마
べっぷ	別府	벳푸
おおさかじょう	大阪城	오사카성
げんばくドーム	原爆ドーム	원폭돔
たなか まさお	田中 正男	다나카 마사오

문형 설명

동사문 3 : 行きます／来ます／帰ります

1. わたしは ロンドンへ 行きます。　저는 런던에 갑니다.
   ● N(장소)へ 行きます／来ます／帰ります
   1) 'へ'는 '에' '으로'라는 뜻으로, 이동의 방향을 나타내는 조사이다. 'いきます' 'きます' 'かえります'와 같은 이동동사와 같이 사용한다.

   　　　　　조사 'へ'는 'え'로 발음한다.

   2) 이동할 장소를 물을 때 'どこへ' (어디에)를 사용한다.
   　　A : どこへ 行きますか。　어디에 갑니까?
   　　B : 銀行へ 行きます。　은행에 갑니다.

2. わたしは 3月 30日に 日本へ 来ました。　저는 3월 30일에 일본에 왔습니다.
   ● N(때)に 行きます／来ます／帰ります
   1) 'に'는 '3月 30日'와 같이 수사를 포함한 시간 표현에 붙어서 동작이 일어나는 때를 나타내는 조사이다.
   2) 'いつ'는 '언제'라는 뜻으로, 때를 묻는 의문사이다.
   3) 'あした' 'まいあさ' 'いつ' 등 수사를 포함하지 않은 단어에는 'に'가 붙지 않는다.
   　　A　：いつ 日本へ 来ましたか。　언제 일본에 왔습니까?
   　　B1：3月 30日に 来ました。　3월 30일에 왔습니다.
   　　B2：去年 来ました。　작년에 왔습니다.

―に	1時に　4月に
―∅	朝　今日　毎日　いつ

   단, 요일에는 'にちようびに'처럼 'に'를 붙일 수도 있다.

3. わたしは バスで 大使館へ 行きます。　저는 버스로 대사관에 갑니다.
   ● N(교통 수단)で 行きます／来ます／帰ります
   1) 'で'는 'でんしゃで' (전철로) 'ひこうきで' (비행기로) 'じてんしゃで' (자전거로) 등과 같이 탈것을 나타내는 단어에 붙어서 교통 수단을 나타내는 조사이다. 'あるいて' (걸어서)의 경우는 'で'가 붙지 않으므로 'あるいてで'는 잘못이다.

2) 교통 수단을 물을 때 'なんで'를 사용한다.
　　A ：何で 大使館へ 行きますか。　어떻게(무엇으로) 대사관에 갑니까?
　　B1：バスで 行きます。　버스로 갑니다.
　　B2：歩いて 行きます。　걸어서 갑니다.

4. わたしは 田中さんと 病院へ 行きます。
저는 다나카 씨와 같이 병원에 갑니다.

● N(사람)と V

1) 'と'는 '과 같이' '과 함께'라는 뜻으로, 동작을 같이 하는 사람을 나타내는 조사이다.

2) 동작을 같이 하는 사람을 물을 때 'だれと'를 사용한다.
　　A ：だれと 病院へ 行きますか。　누구와 같이 병원에 갑니까?
　　B1：田中さんと 行きます。　다나카 씨와 같이 갑니다.
　　B2：一人で 行きます。　혼자서 갑니다.

5. 一緒に 昼ご飯を 食べませんか。　같이 점심을 먹지 않겠습니까?

● Vませんか

1) 'Vませんか'는 '지 않겠습니까'라는 뜻으로, 사람에게 무엇인가를 권할 때 사용하는 표현이다.
'ます'를 'ませんか'로 바꿔서 만든다.

たべます → たべませんか
いきます → いきませんか

2) 권유를 받았을 때 다음과 같이 답한다.
　　A ：一緒に 昼ご飯を 食べませんか。　같이 점심을 먹지 않겠습니까?
　　B1：ええ、いいですね。　네, 좋네요.
　　B2：すみません。ちょっと……。　미안합니다. (오늘은) 좀…

　　'Vますか'는 그 동작을 하느냐 안 하느냐를 묻는 표현으로, 권유 표현은 아니다.

① どこへも 行きませんでした。　아무데도 가지 않았습니다.

'どこへも (의문사+조사+も) +동사 부정형'는 전면적인 부정을 나타낸다.

  A ：どこへ 行きますか。　어디에 갑니까?
  B1：銀行へ 行きます。　은행에 갑니다.
  B2：どこへも 行きません。　아무데도 가지 않습니다.

  단, 조사가 'を'인 경우에는 'をも'가 아니라 'も'로 써서 전면적인 부정을 나타낸다.
  A ：何を 食べますか。　무엇을 먹습니까?
  B1：ラーメンを 食べます。　라면을 먹습니다.
  B2：何も 食べません。　아무것도 먹지 않습니다.

언어와 문화 정보

日本の 祝日　일본의 경축일

1月	1日	元日 양력 설
	第2月曜日 *	成人の日 성인의 날
2月	11日	建国記念の日 건국 기념일
3月	20日ごろ	春分の日 춘분의 날
4月	29日	昭和の日 쇼와의 날
5月	3日	憲法記念日 헌법 기념일
	4日	みどりの日 녹색의 날
	5日	こどもの日 어린이날

4월 29일부터 5월 5일까지의 연휴를 ゴールデンウイーク 골든 위크라고 부른다. 이 기간에 관광지는 관광객들로 붐빈다.

7月	第3月曜日 **	海の日 바다의 날
9月	第3月曜日 **	敬老の日 경로의 날
	23日ごろ	秋分の日 추분의 날
10月	第2月曜日 *	体育の日 체육의 날
11月	3日	文化の日 문화의 날
	23日	勤労感謝の日 근로 감사의 날
12月	23日	天皇誕生日 천황 탄생일

* 둘째 월요일　** 셋째 월요일

まとめ1
어휘

りんご	사과

まとめ	복습
おやすみなさい。	안녕히 주무십시오.

7 사진이 아름답군요

회화문

린   : 마리 씨, 사진이 아름답군요(아름다운 사진이군요). 어디 사진입니까?
스미스 : 시드니 사진입니다.
린   : 이 하얀 건물은 무엇입니까?
스미스 : 오페라하우스입니다. 아주 유명한 건물입니다.
린   : 시드니는 어떤 곳입니까?
스미스 : 아름다운 곳입니다. 그리고 아주 번화한 곳입니다.
린   : 그렇습니까?

57

7 어휘

はな	花	꽃
へや	部屋	방
アパート		연립 주택, 아파트
アニメ		애니메이션
たべもの	食べ物	음식
せいかつ	生活	생활
やま	山	산
うみ*	海	바다
バドミントン		배드민턴
スポーツ		스포츠
さくら	桜	벚꽃
バナナ		바나나
まち	町	도시, 동네, 거리
ゲームソフト		게임 소프트웨어
コート		외투
ところ		곳
もの		것
しゃしん	写真	사진
たてもの	建物	건물
おおきい	大きい	크다
ちいさい	小さい	작다
あたらしい	新しい	새롭다, 새~
ふるい	古い	오래되다, 낡다
おもしろい	面白い	재미있다
たかい	高い	높다, 비싸다
ひくい*	低い	낮다
やすい	安い	싸다
たのしい	楽しい	즐겁다
いい		좋다
おいしい		맛이 있다
むずかしい	難しい	어렵다
あおい	青い	푸르다

ひろい	広い	넓다
せまい*	狭い	좁다
くろい	黒い	검다
しろい	白い	희다
あかい*	赤い	붉다
げんき[な]	元気[な]	건강하다
しんせつ[な]	親切[な]	친절하다
かんたん[な]	簡単[な]	간단하다
きれい[な]		아름답다, 곱다, 깨끗하다
にぎやか[な]		번화하다
しずか[な]	静か[な]	조용하다
べんり[な]	便利[な]	편리하다
ゆうめい[な]	有名[な]	유명하다
たいへん[な]	大変[な]	힘들다
どう		어떻다
どんな		어떤
どれ		어느 (선택지가 3개 이상일 때 사용함)
あまり		별로, 그다지
とても		아주
いちばん		제일
そして		그리고
〜が、〜。		〜지만, 〜.

オーストリア		오스트리아
ふじさん	富士山	후지산
ウィーン		빈
オペラハウス		오페라하우스
テレサ		테레사
いけいようし	い形容詞	い형용사
なけいようし	な形容詞	な형용사
めいし*	名詞	명사
どうし*	動詞	동사

7 문형 설명

형용사문 1 : 비과거 (긍정, 부정)

1. | この パソコンは 新(あたら)しいです。 | 이 PC 는 새 것입니다.
   | この パソコンは 便(べん)利(り)です。 | 이 PC 는 편리합니다.

   ● N は [い A / な A] です

   1) 일본어에는 い형용사 (い A)와 な형용사 (な A)라는 2가지 형용사가 있다. 명사를 수식할 때 끝소리가 'い'가 되는 형용사를 い형용사, 'な'가 되는 형용사를 な형용사라고 부른다. ⇒ 3
   な형용사를 'です' 앞에 쓸 때는 'な'를 붙이지 않는다.

   2) 일본어 형용사는 활용을 한다. 비과거, 과거, 긍정, 부정 등의 활용형이 있다.

   3) 'どう'는 '어떻다'라는 뜻으로, 느낌이나 의견을 묻는 의문사이다.
   A : この パソコンは どうですか。　이 PC 는 어떻습니까?
   B : 便(べん)利(り)です。　편리합니다.

2. | ポンさんの 部(へ)屋(や)は 広(ひろ)くないです。 | 폰 씨 방은 넓지 않습니다.
   | ポンさんの 部(へ)屋(や)は きれいじゃ ありません。 | 폰 씨 방은 깨끗하지 않습니다.

   ● N は [い A くないです / な A じゃ ありません]

   1) い형용사의 비과거 부정형은 '—くないです'이다. 긍정형 'いです'를 'くないです'로 바꾸어서 만든다.

い A	비과거・긍정	비과거・부정
	ひろいです	ひろくないです
	あたらしいです	あたらしくないです
	*いいです	よくないです

   A : ポンさんの 部(へ)屋(や)は 広(ひろ)いですか。　폰 씨 방은 넓습니까?
   B1 : はい、広(ひろ)いです。　네, 넓습니다.
   B2 : いいえ、広(ひろ)くないです。　아니요, 넓지 않습니다.

2) な형용사의 비과거 부정형은 '—じゃありません'이다. 긍정형 'です'를 'じゃありません'으로 바꾸어서 만든다.

なA	비과거 · 긍정	비과거 · 부정
	べんりです	べんりじゃありません
	きれいです	きれいじゃありません

  A : ポンさんの 部屋は きれいですか。 폰 씨 방은 깨끗합니까?
  B1：はい、きれいです。 네, 깨끗합니다.
  B2：いいえ、きれいじゃ ありません。 아니요, 깨끗하지 않습니다.

3. 富士山は 高い 山です。 후지산은 높은 산입니다.
  富士山は 有名な 山です。 후지산은 유명한 산입니다.

● N1は A+N2です。

1) 형용사가 명사를 수식할 때는 반드시 명사 앞에 위치한다. 이때 い형용사는 'い', な형용사는 'な' 로 끝나는 형태가 된다.
2) 'どんな'는 '어떤'이라는 뜻으로, N을 수식해서 N의 상태나 성질, 종류를 묻는 의문사이다. 'どんなN'이라는 형태로 사용한다.
  A : 富士山は どんな 山ですか。 후지산은 어떤 산입니까?
  B1：高い 山です。 높은 산입니다.
  B2：有名な 山です。 유명한 산입니다.

4. リンさんの かばんは どれですか。 린 씨 가방은 어느 것입니까?

● どれ

'どれ'는 '어느'라는 뜻으로, 3개 이상 선택지 중에서 어느 것을 선택하는지 묻는 의문사이다.
  A：リンさんの かばんは どれですか。 린 씨 가방은 어느 것입니까?
  B：それです。その 大きい かばんです。 그것입니다. 그 큰 가방입니다.

7

① 漢字は あまり 難しくないです。　한자는 별로 어렵지 않습니다.
　　'あまり'는 정도를 나타내는 부사로, 형용사, 동사의 부정형과 함께 쓴다.
　　　漢字は 難しいです。　한자는 어렵습니다.
　　　漢字は あまり 難しくないです。　한자는 별로 어렵지 않습니다.

② わたしの アパートは 広いです。そして、きれいです。
　　제가 사는 연립 주택은 (제 아파트는) 넓습니다. 그리고 깨끗합니다.
　　'そして'는 '그리고'라는 뜻으로, 두 문장을 나열하는 접속사이다.

③ わたしの アパートは 広いですが、きれいじゃ ありません。
　　제가 사는 연립 주택은 넓지만 깨끗하지 않습니다.
　　'が'는 '지만'이라는 뜻으로, 두 문장을 하나로 이어 주는 접속조사이다.

④ きれいな 写真ですね。　사진이 아름답군요 (아름다운 사진이군요).
　　'ね'는 화자의 공감을 나타내는 종조사 (終助詞) 이다.

언어와 문화 정보

世界遺産 세계 유산

万里の長城
（中国）

タージ・マハル
（インド）

アンコールワット
（カンボジア）

金閣寺
（日本）

自由の女神
（アメリカ）

ピサの斜塔
（イタリア）

ベルサイユ宮殿
（フランス）

ピラミッド
（エジプト）

オペラハウス
（オーストラリア）

8 후지산은 어디에 있습니까?

회화문

차차이 : 선생님, 후지산은 어디에 있습니까?
스즈키 : 여기입니다.
차차이 : 도쿄에서 별로 멀지 않군요.
 선생님은 후지산에 가셨습니까 (갔습니까)?
스즈키 : 네. 작년에 친구와 같이 갔습니다.
차차이 : 그렇습니까?
스즈키 : 동물이 많이 있습니다.
차차이 : 와…
스즈키 : 산 정상에 토산품 가게며 식당 등이 있습니다.
 우체국도 있답니다.
차차이 : 그렇습니까?

어휘

おとこの こ	男の子	남자 아이
おとこの ひと	男の人	남자
おとこ*	男	남자
おんなの こ	女の子	여자 아이
おんなの ひと	女の人	여자
おんな*	女	여자
こども	子供	아이
いぬ	犬	개
き	木	나무
じどうはんばいき	自動販売機	자동판매기
ねこ	猫	고양이
はこ	箱	박스, 상자
つくえ	机	책상
パジャマ		잠옷, 파자마
ピアノ		피아노
ベッド		침대
テスト		시험, 시험지
テーブル		테이블
こうばん	交番	파출소
バスてい	バス停	버스 정류장
ポスト		우체통
でんわ	電話	전화, 전화기
ロッカー		로커
エレベーター		엘리베이터
いす		의자
にしぐち	西口	서쪽 출입구
ひがしぐち*	東口	동쪽 출입구
みなみぐち*	南口	남쪽 출입구
きたぐち*	北口	북쪽 출입구
きょうかい	教会	교회
みずうみ	湖	호수
つり	釣り	낚시
どうぶつ	動物	동물
(お)みやげ	(お)土産	토산품
みせ	店	가게
うえ	上	위

した	下	아래
まえ	前	앞
うしろ	後ろ	뒤
なか	中	안, 속
そと*	外	밖
よこ	横	옆
となり	隣	옆, 이웃
あいだ	間	사이, 가운데
ちかく	近く	가까이, 근처
あります I		있습니다 (무생물, 식물 등의 존재를 나타냄)
います II		있습니다 (사람, 동물등의 존재를 나타냄)
うたいます I	歌います	노래를 부릅니다
おどります I	踊ります	춤을 춥니다
とおい	遠い	멀다
ちかい*	近い	가깝다
いそがしい*	忙しい	바쁘다
ひま[な]	暇[な]	한가하다, 시간이 있다
ひとり	1人	한 사람
ふたり	2人	두 사람
—にん	—人	—사람, —명
なんにん	何人	몇 사람, 몇 명
たくさん		많이
ええと		그..., 저...
へえ		와..., 허어...
～や～		～며～
～ですか。		～습니까?(상대의 발언 내용을 확인할 때 사용함)
どうも ありがとう ございました。		대단히 감사합니다.
わかりました。	分かりました。	알겠습니다.
また あした。		내일 또 봬요.
カナダ		캐나다
みどりえき	みどり駅	미도리역

문형 설명

존재문

1. あそこに スーパーが あります。 저기에 마트가 있습니다.
あそこに 田中さんが います。 저기에 다나카 씨가 있습니다.

● **N1(장소)に N2が あります/います**

1) 'あります' 'います'는 '있습니다'라는 뜻으로, 사물이나 사람의 존재를 나타내는 동사이다. 'あります'는 마트나 책 등 무생물이나 나무, 꽃 등에 관해서, 'います'는 사람이나 동물 등 생물에 관해서 사용한다.
   문장 주어(N2)는 조사 'が'로 나타낸다.
2) 장소(N1)는 조사 'に'로 나타낸다.
3) 존재하는 사물이나 동물이 무엇인지 물을 때는 'なにが', 존재하는 사람이 누구인지 물을 때는 'だれが'를 사용한다.
   A : あそこに 何が ありますか。 저기에 무엇이 있습니까?
   B : 地図が あります。 지도가 있습니다.

   A : あそこに だれが いますか。 저기에 누가 있습니까?
   B : 田中さんが います。 다나카 씨가 있습니다.

2. 駅の 前に 銀行が あります。 역 앞에 은행이 있습니다.

● **N1の N2(위치)**

무엇인가가 존재하는 장소를 상세히 말할 때 위치사(位置詞)를 사용한다. 'まえ'(앞) 'うしろ'(뒤) 'よこ'(옆) 등의 N2가 위치사이다.
N1 (기준이 되는 명사) + の + N2 (위치사)의 어순으로 사용한다.
   A : 駅の 前に 何が ありますか。 역 앞에 무엇이 있습니까?
   B : 銀行が あります。 은행이 있습니다.

3. リンさんは ロビーに います。 린 씨는 로비에 있습니다.

● **N1は N2(장소)に います/あります**

1) N1이 존재하는 장소를 나타내는 표현이다. N1은 문장의 주제이며, 조사는 'は'를 사용한다.
2) 존재하는 장소를 물을 때 'どこに'를 사용한다.
   A : リンさんは どこに いますか。 린 씨는 어디에 있습니까?
   B : ロビーに います。 로비에 있습니다.

4. あそこに 学生が 4人 います。 저기에 학생이 4명 있습니다.
   ● N(사람)が 一人 います
   1) '―にん'은 사람을 셀 때 사용하는 조수사이다.
   2) 사람 수를 물을 때 의문사 'なんにん'을 사용한다.
      A：あそこに 学生が 何人 いますか。 저기에 학생이 몇 명 있습니까?
      B：4人 います。 4명 있습니다.

5. 一緒に 歌いましょう。 같이 노래 부릅시다.
   ● V ましょう
   'V ましょう'는 화자가 청자에게 무엇인가를 함께 하는 것을 권하거나, 권유에 동의할 때 사용하는 표현이다. 'ます'를 'ましょう'로 바꿔서 만든다. 'V ませんか'는 상대의 의사를 존중하는 표현인 데 반하여, 'V ましょう'에는 적극적으로 상대를 권유하거나 재촉하는 뜻이 포함되어 있다. ⇒ 6과 -**5**

① 花屋の 隣に ありますよ。 꽃가게 옆에 있답니다.
   'よ'는 청자가 모르는 정보임을 강조할 때 사용하는 종조사이다.

② 花屋の 隣ですね。 꽃가게 옆이지요?
   'ね'는 청자와 공통의 화제에 대하여 확인하는 뜻을 나타내는 종조사이다.

③ 町に 古い 教会や きれいな 公園が あります。
   동네에 오래된 교회며 아름다운 공원이 있습니다.
   'や'는 명사를 연결하는 조사로, 많은 것들 중에서 몇 개를 선택해 보여 준다.
   'と'가 대상을 전부 열거하는 데 반하여 'や'는 그 외에도 많은 것들이 있음을 내포한다. ⇒ 4과 -②

'どうもありがとうございました'는 상대의 행동에 대하여 감사의 뜻을 나타내는 표현이다. 상대가 과거에 해 준 일에 대하여 다시 정중하게 인사를 하거나, 감사의 뜻을 표하면서 대화를 끝낼 때 등에 사용한다.

언어와 문화 정보
自然(しぜん) 자연

- 火山(かざん) 화산
- 島(しま) 섬
- 海岸(かいがん) 해안
- 半島(はんとう) 반도
- 海(うみ) 바다
- 湖(みずうみ) 호수
- 川(かわ) 강
- 山(やま) 산
- 滝(たき) 폭포
- 砂漠(さばく) 사막

9 어떤 스포츠를 좋아합니까?

회화문

기무라 : 호세 씨는 시간이 있을 때 어떤 텔레비전 프로그램을 봅니까?
카를로스 : 스포츠 프로그램을 봅니다.
기무라 : 어떤 스포츠를 좋아합니까?
카를로스 : 축구를 좋아합니다. 기무라 씨는 축구를 봅니까?
기무라 : 아니요. 전혀 안 봅니다. 규칙을 몰라서요.
카를로스 : 그렇습니까? 재미있는데요.

어휘

すし		초밥
やきゅう	野球	야구
まんが	漫画	만화
そうじ	掃除	청소
せんたく*	洗濯	세탁
え	絵	그림
うた	歌	노래
えいご	英語	영어
かたかな	片仮名	가타카나
ひらがな*	平仮名	히라가나
アナウンス		아나운스, 안내 방송
ルール		룰, 규칙
まど	窓	창문
かいもの	買い物	쇼핑
てんき	天気	날씨
あめ	雨	비, 우천
ちゅうしゃ	注射	주사
じかん	時間	시간
つうやく	通訳	통역, 통역사
デート		데이트
やくそく	約束	약속
やまのぼり	山登り	등산
ドラマ		드라마
りょこう	旅行	여행
ゴルフ		골프
きょうし	教師	교사
モデル		모델
べんごし	弁護士	변호사
せんしゅ	選手	선수
サッカーせんしゅ	サッカー選手	축구 선수
ミュージシャン		뮤지션

ばんぐみ	番組	프로그램
テレビばんぐみ	テレビ番組	텔레비전 프로그램
おとうさん	お父さん	(남의) 아버지, 아버님
おかあさん	お母さん	(남의) 어머니, 어머님
おにいさん	お兄さん	(남의) 형, 오빠
おねえさん	お姉さん	(남의) 누나, 언니
おとうとさん	弟さん	(남의) 남동생
いもうとさん	妹さん	(남의) 여동생
ちち	父	(나의) 아버지
はは	母	(나의) 어머니
あに	兄	(나의) 형, 오빠
あね	姉	(나의) 누나, 언니
おとうと	弟	(나의) 남동생
いもうと	妹	(나의) 여동생
(ご)かぞく	(ご)家族	(남의) 가족
(ご)りょうしん	(ご)両親	(남의) 부모, 부모님
かきます[えを〜] Ⅰ	かきます[絵を〜]	그립니다 [그림을〜]
わかります Ⅰ	分かります	압니다
あけます Ⅱ	開けます	엽니다
さんぽします Ⅲ	散歩します	산보합니다
あります Ⅰ		있습니다 (시간/약속이〜)
おみあいします Ⅲ	お見合いします	선을 봅니다
あまい	甘い	달다
からい*	辛い	맵다
あつい	暑い	덥다
さむい*	寒い	춥다
ねむい	眠い	졸리다
すき[な]	好き[な]	좋아하다
きらい[な]	嫌い[な]	싫어하다
じょうず[な]	上手[な]	잘하다

へた[な] *	下手[な]	서투르다
ざんねん[な]	残念[な]	유감스럽다
どうして		왜
すこし	少し	조금
だいたい		대체로, 대부분
よく		잘
ぜんぜん	全然	전혀
はやく	早く	일찍
うーん		글쎄요...
～から、～		～어서, ～으니까
どうしてですか。		왜요?
そうですね。		글쎄요...
よろしく おねがい します。	よろしく お願いします。	잘 부탁합니다.

スペイン	스페인
さゆり	사유리
えり	에리
ともみ	도모미
あきら	아키라
ひろし	히로시

문형 설명

대상을 'が'로 나타내는 문장

1. わたしは 映画が 好きです。 저는 영화를 좋아합니다.
   ● N が 好きです / 嫌いです / 上手です / 下手です
   1) 'すきです' 'きらいです' 'じょうずです' 'へたです'는 대상어(對象語)가 필요한 형용사이다. 조사 'が'는 대상을 나타낸다.
   2) 어떤 그룹이나 범주 안에서 구체적인 명칭을 물을 때 'どんな'(어떤)를 사용한다.
      A : どんな スポーツが 好きですか。 어떤 스포츠를 좋아합니까?
      B : テニスが 好きです。 테니스를 좋아합니다.

2. わたしは 韓国語が 分かります。 저는 한국어를 (할 줄) 압니다.
   ● N が 分かります
   'わかります'의 대상은 'が'로 나타낸다.

3. 簡単ですから、分かります。 간단하니까 압니다.
   ● S1 から、S2
   'から'는 '으니까' '어서'라는 뜻으로, 두 문장을 접속하여 한 문장으로 만들어서 이유를 나타내는 접속조사이다.
   S1은 S2의 이유를 나타낸다.

4. A : どうして 大きい ケーキを 買いますか。 왜 큰 케이크를 삽니까?
   B : リンさんの 誕生日ですから。 린 씨 생일이라서요.
   ● どうして S か
   'どうして'는 '왜'라는 뜻으로, 이유가 무엇인지 물을 때 사용하는 의문사이다. 이유에 대하여 대답할 때 문장 끝에 'から'를 붙인다.

① 時間(じかん)が あります。　시간이 있습니다.
　　'あります'는 '가지다' '소유하다'라는 뜻으로도 사용된다.
　　'あります'의 대상은 조사 'が'로 나타낸다.
　　　約束(やくそく)が あります。　약속이 있습니다.
　　　お金(かね)が あります。　돈이 있습니다.

お見合(みあ)いしませんか。　선 보지 않겠습니까?
'Vませんか'는 상대에게 그 동작을 하도록 권할 때에도 사용하는 표현이다.

아래 부사들은 동사나 형용사 앞에 붙어서 그 정도를 나타낸다.
　　よく　　　(80-90%) ⎫
　　だいたい　(50-80%) ⎬ ＋긍정형
　　少(すこ)し　　(30%)　 ⎭

　　あまり　　(20%)　 ⎫
　　全然(ぜんぜん)　(0%)　 ⎬ ＋부정형

　　　　　％는 대략의 숫자이다.

언어와 문화 정보

スポーツ・映画・音楽　스포츠, 영화, 음악

1. スポーツ　스포츠

| サッカー |  ラグビー |  野球 |  クリケット |

| バレーボール |  バスケットボール |  ピンポン／卓球 |  ボウリング |

| サーフィン |  スノーボード |  スキー |  スケート |

2. 映画　영화

ミステリー 미스터리　　ラブストーリー 연애물　　アニメ 애니메이션
サスペンス 서스펜스　　ミュージカル 뮤지컬　　コメディー 코미디
ファンタジー 판타지　　ドキュメンタリー 다큐멘터리
ホラー 공포물

3. 音楽　음악

クラシック 클래식　　ロック 록　　ラップ 랩　　ジャズ 재즈
Ｊ-ポップ 제이팝　　演歌 트로트

10 저는 와타나베 씨에게 다도를 배웠습니다

회화문

김　　: 톰 씨, 그 차는 어떻습니까?
조던 : 맛있습니다. 저는 처음 마셨습니다.
　　　 일본에서 (다도를) 배웠습니까?
김　　: 네, 와타나베 씨에게 배웠습니다.
조던 : 그렇습니까?
김　　: 저는 와타나베 씨에게 한국 요리를 가르쳤습니다.
조던 : 김혜정 씨와 와타나베 씨는 좋은 친구군요.

어휘

プレゼント		선물
カード		카드
えはがき	絵はがき	그림엽서
せんぱい	先輩	선배
こうはい*	後輩	후배
おちゃ	お茶	다도
ネックレス		목걸이
ネクタイ		넥타이
シャツ		셔츠
おっと	夫	(나의) 남편
(ご)しゅじん	(ご)主人	(남의) 남편
つま	妻	(나의) 아내
おくさん	奥さん	(남의) 부인
こどもさん*	子供さん	(남의) 자녀, 자녀 분
せっけん	石けん	비누
みかん		귤
(ご)ちゅうもん	(ご)注文	주문
サンドイッチ		샌드위치
スパゲティ		스파게티
ステーキ		스테이크
はし		젓가락
スプーン		숟가락
ナイフ		나이프
フォーク		포크
て	手	손
レポート		리포트, 보고서
こうくうびん	航空便	항공편
にもつ	荷物	짐
かきとめ	書留	등기
いろ	色	색
セーター		스웨터
クラス		(학교의) 반
かします Ⅰ	貸します	(남에게) 빌려 줍니다
あげます Ⅱ		(남에게) 줍니다

おしえます Ⅱ	教えます	가르칩니다
おくります Ⅰ	送ります	보냅니다
かけます[でんわを～] Ⅱ	かけます[電話を～]	겁니다 [전화를～]
かります Ⅱ	借ります	빌립니다
ならいます Ⅰ	習います	배웁니다
もらいます Ⅰ		받습니다
します Ⅲ		(어떤 것으로) 합니다, 정합니다 (사물＋に)
はなします Ⅰ	話します	말합니다
すてき[な]		멋지다
ひとつ	1つ	하나 (물건을 셀 때 사용함)
ふたつ	2つ	두 개, 두～
みっつ	3つ	세 개, 세～
よっつ	4つ	네 개, 네～
いつつ	5つ	다섯 개, 다섯～
むっつ	6つ	여섯 개, 여섯～
ななつ	7つ	일곱 개, 일곱～
やっつ	8つ	여덟 개, 여덟～
ここのつ	9つ	아홉 개, 아홉～
とお	10	열 개, 열～
いくつ		몇 개, 몇～
―だい	―台	―대 (기계, 자동차 등을 셀 때 사용하는 조수사)
なんだい＊	何台	몇 대
―まい	―枚	―장 (종이, 우표 등 얇고 평평한 것을 셀 때 사용하는 조수사)
なんまい＊	何枚	몇 장
また		또, 다시
はじめて	初めて	처음
～を おねがいします。	～を お願いします。	～를 주십시오.
いらっしゃいませ。		어서 오십시오.
～に よろしく。		～에게 말씀 잘 전해 주십시오.

문형 설명

동사문 4 : 동작의 대상자나 주체를 조사 'に'로 나타내는 동사

1. わたしは 友達に 傘を 貸しました。 저는 친구에게 우산을 빌려 주었습니다.
   - ● N1に N2(사물)を V
   1) 동사 'かします' 'あげます' 'おしえます' 'おくります' 등의 동작의 대상자는 조사 'に'로 나타낸다. 그 뜻은 '화자가 무엇인가를 빌려 줍니다 / 줍니다 / 가르칩니다 / 보냅니다'이다.
   2) 동작의 대상자를 물을 때 'だれに'를 사용한다.
      A : だれに 傘を 貸しましたか。
          누구에게 우산을 빌려 주었습니까?
      B : 友達に 貸しました。 친구에게 빌려 주었습니다.

2. わたしは マリーさんに 辞書を 借りました。
   저는 마리 씨에게서 사전을 빌렸습니다.
   - ● N1(사람)に N2(사물)を V
   1) 'かります' 'もらいます' 'ならいます' 등은 그 동작의 대상자 입장에서 말하는 동사로, 동작의 주체를 'に'(에게 / 에게서)로 나타낸다.
   2) 동작의 주체를 물을 때 'だれに'를 사용한다.
      A : だれに 辞書を 借りましたか。
          누구에게 사전을 빌렸습니까?
      B : マリーさんに 借りました。 마리 씨에게서 빌렸습니다.

3. りんごを 7つ 買いました。 사과를 7개 샀습니다.
   - ● Nを 수사+조수사 V
   1) 사과나 열쇠, 의자와 같은 사물을 셀 때, 1에서 10까지는 수사 'ひとつ、ふたつ…とお'를 사용한다. 11 이상은 일반적인 수를 세는 법과 같다.
   2) 'いくつ'는 '몇'이라는 뜻으로, 사물의 수를 물을 때 사용하는 조수사이다.
      A : りんごを いくつ 買いましたか。 사과를 몇 개 샀습니까?
      B : 7つ 買いました。 7개 샀습니다.

4. はしで すしを 食(た)べます。 젓가락으로 초밥을 먹습니다.
   ● N で V
   1) 이 조사 'で'는 동작의 수단이나 방법을 나타낸다.
   2) 동작의 수단이나 방법을 물을 때 'なんで'를 사용한다.
      A : 何(なん)で すしを 食(た)べますか。 어떻게 (무엇으로) 초밥을 먹습니까?
      B : はしで 食(た)べます。 젓가락으로 먹습니다.

---

① わたしは コーヒーと ケーキに します。저는 커피와 케이크로 하겠습니다.
'N に します'는 복수의 선택지들 중에서 일부를 고를 때 사용하는 표현이다. 대상이 되는 것이 사물인지 시간인지 장소인지 사람인지에 따라서 의문사 'なん' 'いつ' 'どこ' 'だれ' 등을 사용한다.

   <레스토랑에서의 대화>
   A : 何(なん)に しますか。 무엇으로 하겠습니까?
   B : コーヒーと ケーキに します。 커피와 케이크로 하겠습니다.

언어와 문화 정보

お祝い・お年玉・お見舞い 축하, 세뱃돈, 문병

1. お祝い 축하

卒業(そつぎょう) 졸업
結婚(けっこん) 결혼
就職(しゅうしょく) 취직
出産(しゅっさん) 출산

> ご(入学(にゅうがく)) おめでとう ございます.
> 입학을 축하합니다.

2. お年玉(としだま) 세뱃돈

> あけまして おめでとう ございます.
> 새해 인사말 (새해 복 많이 받으십시오.)

3. お見舞い(みま) 문병

> お大事(だいじ)に.
> 몸조리 잘 하십시오.

축하 선물은 돈이나 물건으로 하는데, 최근에는 선물을 택배로 보내는 일이 많아졌다. 선물을 받으면 반드시 상대에게 전화나 편지로 감사의 인사를 한다. 그리고 다음에 만나면 "지난번 선물 감사합니다." 하고 다시 한번 감사를 표하는 것이 관례이다.

11 도쿄하고 서울하고 어느 쪽이 춥습니까?

회화문

조던 : 김혜정 씨, 서울은 어떤 도시입니까?
김　 : 음식이 맛이 있고 아름다운 도시입니다.
　　　 그러나 겨울은 춥습니다.
조던 : 도쿄하고 서울하고 어느 쪽이 춥습니까?
김　 : 서울 쪽이 더 춥습니다.
조던 : 와, 그렇습니까? 몇 월이 제일 춥습니까?
김　 : 2월이 제일 춥습니다.
조던 : 김혜정 씨는 겨울 스포츠를 합니까?
김　 : 아니요. 저는 따뜻한 방 안을 더 좋아하거든요.

어휘

はな	鼻	코
め	目	눈
くび	首	목
あし	足	발, 다리
みみ	耳	귀
せ	背	키
あたま	頭	머리
かお*	顔	얼굴
くち*	口	입
からだ*	体	몸
りゅうがくせい	留学生	유학생
けいざい	経済	경제
～がくぶ	～学部	～학부
けいざいがくぶ	経済学部	경제학부
かんきょう	環境	환경
がくひ	学費	학비
キャンパス		캠퍼스
れきし	歴史	역사
しごと	仕事	일
てんぷら	天ぷら	튀김 (어패류나 야채를 기름으로 튀긴 요리)
とんカツ	豚カツ	돈까스
のみもの	飲み物	마실 것
いちご		딸기
すいか		수박
メロン		멜론
じゅうどう	柔道	유도
スケート		스케이트
いちねん	1年	1년, 한 해
はる	春	봄
なつ	夏	여름
あき	秋	가을
ふゆ	冬	겨울
どくしん	独身	독신

マンション		아파트
ちゅうしゃじょう	駐車場	주차장
おおい	多い	많다
すくない*	少ない	적다
ながい	長い	길다
みじかい	短い	짧다
あたたかい	暖かい	(공기가) 따뜻하다
すずしい*	涼しい	(공기가) 서늘하다
あかるい	明るい	밝다
くらい*	暗い	어둡다
やさしい	優しい	다정하다, 정답다
はやい	速い	빠르다
おそい*	遅い	느리다
うるさい		시끄럽다
たいせつ[な]	大切[な]	소중하다
まじめ[な]		진지하다
―ねん	―年	―년
なんねん*	何年	몇 년
―へいほうメートル（㎡）	―平方メートル	―제곱미터
どちら		어느 쪽 (선택지가 2개일 때 사용함)
どちらも		모두
ずっと		훨씬
でも		그러나

きゅうしゅう	九州	규슈
マニラ		마닐라
パリ		파리
なら	奈良	나라
ソウル		서울
さくらマンション		사쿠라 맨션, 사쿠라 아파트
みどりアパート		미도리 아파트, 미도리 연립 주택

문형 설명

비교

1. 東京は 人が 多いです。   도쿄는 사람이 많습니다.

   ● N1は N2が A

   사물이나 사람의 특징을 말하는 표현이다.
   N1이 문장의 주제로 조사는 'は'를 사용하고, 'N2が A'로 N1을 설명한다. N2는 형용사의 주어로, 조사는 'が'를 사용한다.
   위 문장의 뜻을 풀어서 말하면 '도쿄에 대해서 말하자면 사람이 많습니다'가 된다.

           N1は　N2が A
           ↑　　　↑
       문장의 주제　주제에 대한 설명

2. ソウルは 東京より 寒いです。   서울은 도쿄보다 춥습니다.

   ● N1は N2より A

   2개의 대상을 비교할 때 사용하는 표현이다. 비교의 기준이 되는 N2는 조사 'より'(보다)로 나타낸다.

3. A：肉と 魚と どちらが 好きですか。   고기하고 생선하고 어느 쪽을 좋아합니까?
   B：魚の ほうが 好きです。   생선을 더 좋아합니다.

   ● N1と N2と どちらが Aか
   ● N1/N2の ほうが A

   'どちら'(어느 쪽)는 2가지 대상을 비교할 때 사용하는 의문사이다. 'どちら'는 사물, 사람, 장소 등 가리지 않고 사용한다. 대답할 때는 'のほう'를 붙인다.
   양쪽이 같다고 판단할 때는 'どちらも'(어느 쪽이라도, 모두)를 사용한다.

      A　：コーヒーと 紅茶と どちらが 好きですか。
          커피하고 홍차하고 어느 쪽을 좋아합니까?
      B１：コーヒーの ほうが 好きです。   커피를 더 좋아합니다.
      B２：どちらも 好きです。   모두 좋아합니다.

4. スポーツで サッカーが いちばん 好きです。

스포츠 중에서 축구를 제일 좋아합니다.

● **N1で N2が いちばん A**

3가지 이상을 비교하면서 그 중에서 으뜸인 것을 나타낼 때 형용사 앞에 'いちばん'을 놓는다. 의문사는 사물에 대해서는 'なに', 사람에 대해서는 'だれ', 장소에 대해서는 'どこ', 때에 대해서는 'いつ'를 사용한다. 비교 대상의 범위는 'スポーツで'와 같이 'で'로 나타낸다.

  A：スポーツで 何が いちばん 好きですか。
    스포츠 중에서 무엇을 제일 좋아합니까?
  B：サッカーが いちばん 好きです。 축구를 제일 좋아합니다.

  A：家族で だれが いちばん 背が 高いですか。
    가족 중에서 누가 제일 키가 큽니까?
  B：父が いちばん 背が 高いです。 아버지가 제일 키가 큽니다.

5. わたしの 部屋は 新しくて、静かです。

제 방은 새 방이고(새롭고) 조용합니다.

● **いAくて／なAで／Nで**

형용사나 명사를 2개 이상 나열할 때 다음과 같이 활용시킨다. い형용사는 어말의 'いです'를 'くて'로 바꾸고, な형용사와 명사는 'です'를 'で'로 바꾼다.

 いA：あたらしいです → あたらしくて
   *いいです → よくて
 なA： きれいです → きれいで
 N ： 2かいです → 2かいで

  わたしの 部屋は 新しくて、静かです。
  제 방은 새 방이고(새롭고) 조용합니다.
  わたしの 部屋は きれいで、静かです。 제 방은 깨끗하고 조용합니다.
  わたしの 部屋は 2階で、静かです。 제 방은 2층이고 조용합니다.

언어와 문화 정보
宇宙 우주

1. 太陽系　태양계

(그림: 太陽 태양, 水星 수성, 金星 금성, 月 달, 火星 화성, 木星 목성, 土星 토성, 天王星 천왕성, 海王星 해왕성, 地球 지구)

2. 距離·温度·大きさ　거리．온도．크기

	太陽	地球	月	土星
距離 거리	150,000,000 km	1,500,000,000 km		
		384,000 km		
表面温度 표면 온도	6,000℃	15℃	107～－153℃	－180℃
直径 직경, 지름	1,400,000 km	13,000 km	3,500 km	120,000 km

12 여행은 어땠습니까?

회화문

스미스 : 기무라 씨, 이거 히로시마 토산품입니다. 받으십시오.
기무라 : 아, 고마워요. 여행은 어땠습니까?
스미스 : 아주 즐거웠습니다.
  그렇지만 조금 추웠습니다.
기무라 : 아, 그렇습니까?
스미스 : 배로 미야지마에 갔습니다.
기무라 : 경치는 어땠습니까?
스미스 : 아주 아름다웠습니다. 바다와 섬의 사진을 찍었습니다.
기무라 : 잘 됐군요.

어휘

やすみ	休み	휴게, 휴일, 결석
ひるやすみ	昼休み	점심 시간
はなみ	花見	벚꽃놀이
おにぎり		주먹밥
じゅんび	準備	준비
ホテル		호텔
じゅぎょう	授業	수업
きもの	着物	기모노 (일본의 전통적인 의상)
フェリー		카페리
くうこう	空港	공항
～たち		～들 (사람 명사의 복수형을 만드는 접미사)
わたしたち		우리들
はし	橋	다리
あか	赤	빨간 색
きいろ	黄色	노란 색
けしき	景色	경치
しま	島	섬
はっぴょうします Ⅲ	発表します	발표합니다
のぼります Ⅰ	登ります	올라갑니다 (산+に)
とまります Ⅰ	泊まります	숙박합니다 (호텔+に)
きます Ⅱ	着ます	입습니다
ぬぎます* Ⅰ	脱ぎます	벗습니다
かかります Ⅰ		(시간이) 걸립니다, (비용이) 듭니다
とります Ⅰ	撮ります	찍습니다 (사진을)
きびしい	厳しい	혹독하다, 엄격하다
こわい	怖い	무섭다
おもい	重い	무겁다
かるい*	軽い	가볍다
つめたい	冷たい	차갑다

―ふん／ぷん	―分	―분
なんぷん	何分	몇 분
―じかん	―時間	―시간
なんじかん	何時間	몇 시간
―にち	―日	―일
なんにち＊	何日	며칠
―しゅうかん	―週間	―주일
なんしゅうかん＊	何週間	몇 주일
―かげつ	―か月	―개월
なんかげつ	何か月	몇 개월
―ねん＊	―年	―년
なんねん＊	何年	몇 년
はんとし＊	半年	반년, 6개월
どのぐらい		얼마나
あ		아
ちょっと		조금
～ぐらい		～쯤
どうぞ。		어서 ～으십시오.
ありがとう。		고마워요.

シアトル		시애틀
ローマ		로마
プサン		부산
ふくおか	福岡	후쿠오카
かごしま	鹿児島	가고시마
なりた	成田	나리타
みやじま	宮島	미야지마

문형 설명

형용사문 2, 명사문 2 : 과거 (긍정, 부정)

1. | ナルコさんは 忙(いそが)しかったです。 | 나르코 씨는 바빴습니다. |
   | ナルコさんは 元気(げんき)でした。 | 나르코 씨는 건강했습니다. |

   ● いA かったです / なA でした / N でした

   1) 동사와 마찬가지로 형용사문과 명사문에도 과거, 비과거, 긍정, 부정 등 4가지 활용형이 있다.
   2) 과거 긍정형을 만들기 위해서는 い형용사는 어말의 'いです'를 'かったです'로, な형용사는 'です'를 'でした'로 바꾼다.

   いA : いそがし**いです** → いそがし**かったです**
   *い**いです** → **よかったです**
   なA : げんき**です** → げんき**でした**
   N : かいしゃいん**です** → かいしゃいん**でした**

2. | キムさんは 忙(いそが)しくなかったです。 | 김혜정 씨는 바쁘지 않았습니다. |
   | キムさんは 元気(げんき)じゃ ありませんでした。 | 김혜정 씨는 건강하지 않았습니다. |

   ● いA くなかったです / なA じゃ ありませんでした / N じゃ ありませんでした

   과거 부정형을 만들기 위해서는 い형용사는 'くないです'를 'くなかったです'로, な형용사와 명사는 'じゃありません'을 'じゃありませんでした'로 바꾼다.

   いA : いそがし**くないです** → いそがし**くなかったです**
   なA : げんき**じゃありません** → げんき**じゃありませんでした**
   N : かいしゃいん**じゃありません** → かいしゃいん**じゃありませんでした**

	비과거		과거	
	긍정	부정	긍정	부정
いA	たか**いです**	たか**くないです**	たか**かったです**	たか**くなかったです**
なA	ひま**です**	ひま**じゃありません**	ひま**でした**	ひま**じゃありませんでした**
N	あめ**です**	あめ**じゃありません**	あめ**でした**	あめ**じゃありませんでした**

3.
> A：ホセさんは どのぐらい 日本語を 勉強しましたか。
> B：2週間 勉強しました。

A: 호세 씨는 얼마 정도 일본어를 공부했습니까?
B: 2주 동안 공부했습니다.

●どのぐらい

1) 'どのぐらい'는 시간이나 기간이 얼마 정도 되는지 묻는 의문사이다. 대답할 때는 조수사 'ーじかん' 'ーにち' 'ーしゅうかん' 등을 사용한다.

2) 'どのぐらい' 대신에 'なんじかん' 'なんにち' 'なんしゅうかん' 'なんかげつ' 'なんねん' 등의 의문사도 사용할 수 있다.

---

① 10日ぐらい かかります. 10일 정도 걸립니다.
'ぐらい'는 대략의 양이나 기간 등을 나타내는 조사이다. 대략의 시각을 나태낼 때는 'ごろ'를 사용한다. ⇒ 5과 –①

'ぐらい'는 'くらい'로 발음되는 경우도 있다.

언어와 문화 정보

1年の 行事 연중행사

1月 初もうで
첫 신사 참배

2月 豆まき
콩 뿌리기

3月 ひな祭り
히나 인형 축제

卒業式
졸업식

4月 花見
벚꽃놀이

入学式
입학식

5月 こどもの日
어린이날

7·8月 七夕
칠석

花火
불꽃놀이

盆踊り
본 오도리 춤

9月 月見
달맞이

10月 運動会
운동회

11月 七五三
7, 5, 3살 어린이 축하일

12月 大みそか
섣달 그믐날

まとめ2

어휘

とり	鳥	새
かみ	髪	머리카락
ことば	言葉	말
ライオン		사자
くじゃく		공작
ペンギン		펭귄
にんげん	人間	사람, 인간
とります Ⅰ	捕ります	잡습니다
めずらしい	珍しい	진귀하다
いろいろ[な]		여러 가지
〜の なかで	〜の 中で	〜 중에서
こたえ	答え	답
もんだい*	問題	문제

13 무엇인가 먹고 싶군요

회화문

린　　：축제 재미있었지요?
스미스：네, 그런데 아주 피곤합니다. 손이 아픕니다.
린　　：괜찮습니까?
스미스：네. 그런데 조금 목이 마릅니다.
린　　：저는 배가 고픕니다.
스미스：그래요. 무엇인가 먹고 싶군요.
린　　：그럼 어디 먹으러 가지 않겠습니까?
스미스：좋은 생각이네요(좋군요).

어휘

ふとん	布団	이불, 요
（お）さら	（お）皿	접시
コップ		컵
ハイキング		하이킹
しやくしょ	市役所	시청
しちょう	市長	시장
こうじょう	工場	공장
けんがく	見学	견학
がいこくじんとうろく	外国人登録	외국인 등록
スキー		스키
～かた	～方	～는 방법
つくりかた	作り方	만드는 법
すもう	相撲	스모, 일본 씨름
チケット		티켓, 표
だいがくいん	大学院	대학원
ロボット		로봇
こうがく	工学	공학
ロボットこうがく	ロボット工学	로봇 공학
しょうらい	将来	앞으로, 장차
あそびます Ⅰ	遊びます	놉니다
かえします Ⅰ	返します	돌려줍니다, 반납합니다
むかえます Ⅱ	迎えます	맞이합니다, 마중 나갑니다
もちます Ⅰ	持ちます	（손에）듭니다, 가집니다
てつだいます Ⅰ	手伝います	도와줍니다
あらいます Ⅰ	洗います	씻습니다
つかいます Ⅰ	使います	사용합니다
ほしい	欲しい	가지고 싶다
いたい	痛い	아프다
だいじょうぶ[な]	大丈夫[な]	괜찮다

13

―ねんせい	―年生	―학년생
―(ねん)まえに	―(年)前に	―(년) 전에
ありがとう ございます。		감사합니다.
がんばって ください。	頑張って ください。	열심히 해 보십시오.
どう しますか。		어떻게 합니까?
つかれました。	疲れました。	피곤합니다.
のどが かわきました。	のどが 渇きました。	목이 마릅니다.
おなかが すきました。		배가 고픕니다.

かぶきざ	歌舞伎座	가부키좌 극장
ただいま。		다녀왔습니다. (귀가했을 때 사용하는 관용구)
ホール		홀

문형 설명

ます형

1. わたしは お金が 欲しいです。   저는 돈을 가지고 싶습니다.

● Nが 欲しいです

'ほしい'는 '가지고 싶다'라는 뜻으로, 물건을 소유하고 싶다는 화자의 바람을 나타내는 표현이다. 청자에게 원하는 것을 물을 때도 사용하며, 그 대상은 조사 'が'로 나타낸다.

'ほしい'는 い형용사로, 활용은 일반적인 い형용사와 같다.

'ほしいです' 'Vたいです (⇒ **2**)'는 제3자의 바람과 희망을 나타낼 때는 사용할 수 없다. 또 손윗사람에 대해서 'ほしいですか' 'Vたいですか (⇒ **2**)'를 사용하면 실례가 된다.
예를 들어 커피를 권할 때는 'いかがですか'를 사용하는 것이 좋다.
コーヒーは いかがですか。 커피는 어떠십니까?

2. わたしは 柔道を 習いたいです。   저는 유도를 배우고 싶습니다.

● Nを Vたいです

1) 'Vたいです'는 '고 싶습니다'라는 뜻으로, 어떤 동작을 하고 싶다는 화자의 바람을 나타내는 표현이다. 청자의 바람에 대해서 물을 때도 사용한다. 'Vたいです'의 활용은 い형용사와 같다.

2) 'ます'로 끝나는 동사의 형태를 'ます형'(Vます)이라고 부른다.
'たいです'는 ます형의 'ます'를 'たいです'로 바꾸어서 만든다.

いきます → いきたいです
たべます → たべたいです
します → したいです

'ほしいです' 'Vたいです'의 활용은 아래와 같다.

비과거		과거	
긍정	부정	긍정	부정
ほしいです	ほしくないです	ほしかったです	ほしくなかったです
Vたいです	Vたくないです	Vたかったです	Vたくなかったです

3. わたしは 山へ 写真を 撮りに 行きます。　저는 산에 사진을 찍으러 갑니다.
わたしは 山へ ハイキングに 行きます。　저는 산에 하이킹을 하러 갑니다.

● N1(장소)へ [V ます に / N2] 行きます／来ます／帰ります

1) 어딘가로 이동하여 무엇인가를 한다는 목적을 나타내는 표현이다. 뜻은 '무엇인가를 하러 가다' '무엇인가를 위해서 가다' 이다.
목적은 조사 'に'로 나타낸다.

2) 이 형태를 만드는 방법은 아래와 같다.
목적을 동사로 나타내는 경우에는 ます형의 'ます'를 빼고 'に'를 붙인다.
목적을 명사로 나타내는 경우에는 그 명사에 바로 'に'를 붙인다.

3) 'べんきょうします' 'しょくじします'와 같은 '명사+します' 형태의 동사로 목적을 나타낼 때는 'しにいきます'의 'し'가 보통 생략된다.
　A　：リンさんは 山へ 何を しに 行きますか。
　　　　린 씨는 산으로 무엇을 하러 갑니까?
　B１：写真を 撮りに 行きます。　사진을 찍으러 갑니다.
　B２：ハイキングに 行きます。　하이킹을 하러 갑니다.

4. 手伝いましょうか。　도와 드릴까요(도울까요)?

● Vましょうか

화자가 청자에게 '을까요'하고 무엇인가를 해 주겠다고 자청하는 표현이다. ます형의 'ます'를 'ましょうか'로 바꾼다.

つくり**ます** → つくり**ましょうか**
とり**ます** → とり**ましょうか**

청자가 그 제의를 받아들일 때는 'ありがとうございます', 거절할 때는 'いいえ、だいじょうぶです'라는 표현을 많이 사용한다.

---

① すき焼きを 作り**たいんですが**……。　전골을 만들고 싶은데요...

1) 'Vたいんですが'는 화자가 무엇인가를 묻거나 요구하려고 할 때, 자신의 상황이나 이유를 미리 정중하게 설명하는 표현이다.

2) 'が'는 두 문장을 이어 주는 접속조사인데, 뒤의 문장을 생략함으로써 화자의 거리낌이나 망설임을 표현할 수 있다.
이때 조사 'が'에는 '지만'이라는 뜻은 없다.

3) 청자는 'が'뒤에 오는 문장을 추측해서 대응해야 한다.

② 作り方 만드는 법

'つくりかた'는 '만드는 법'이라는 뜻이다.

이 형태는 'Vます'의 'ます'를 빼고 'かた'를 붙여서 만들며, 그 동작의 방법을 나타낸다. 'V~~ます~~＋かた'는 명사이다.

　　つくり<u>ます</u> → つくり<u>かた</u>　만드는 법
　　たべ<u>ます</u> → 　たべ<u>かた</u>　먹는 법

③ 何か 食べたいです。　무엇인가 먹고 싶습니다.

의문사 'なに／どこ／だれ'＋조사 'か'는 특정하지 않은 '어떤 것' '어떤 곳' '어떤 사람'이라는 뜻이다.

　　何か 食べたいです。　무엇인가 먹고 싶습니다.
　　どこか(へ) 行きたいです。　어디론가 가고 싶습니다.
　　だれか いますか。　누군가 있습니까?

13 언어와 문화 정보
教育 교육

1. 日本の 学校制度 일본의 학교 제도

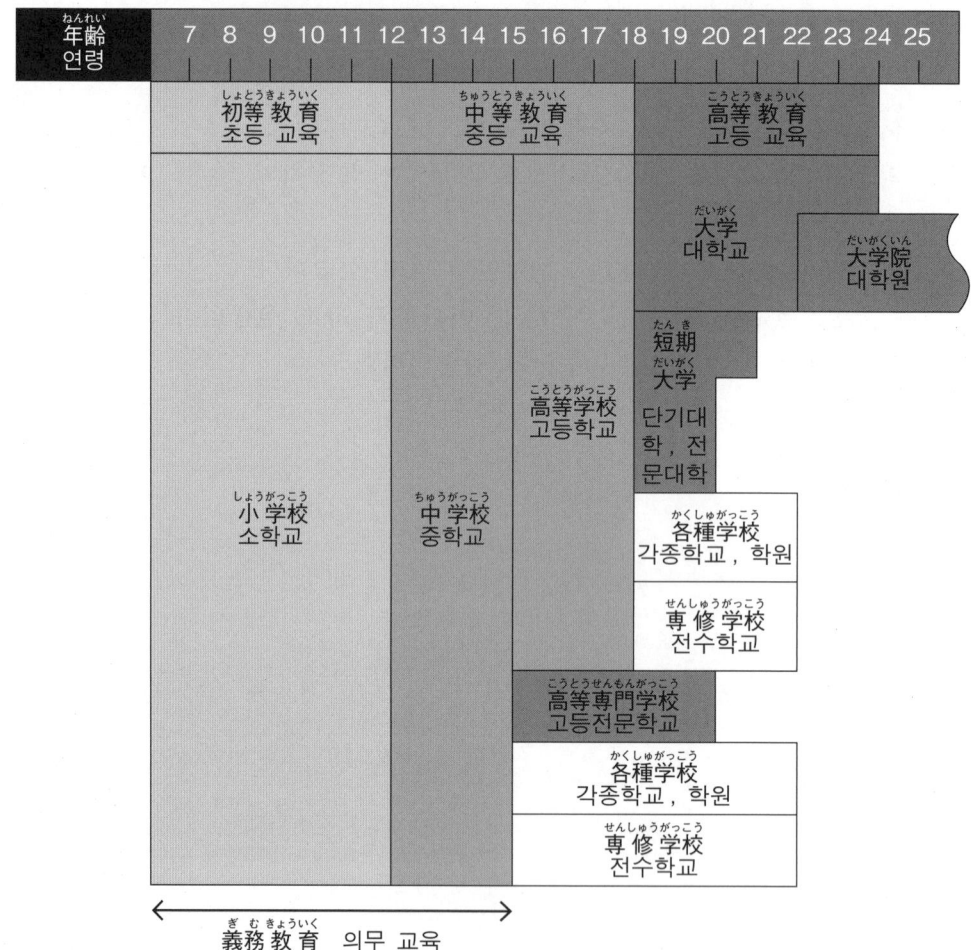

年齢 연령	7	8	9	10	11	12	13	14	15	16	17	18	19	20	21	22	23	24	25

- 初等教育 초등 교육
- 中等教育 중등 교육
- 高等教育 고등 교육

- 大学 대학교
- 大学院 대학원
- 短期大学 단기대학, 전문대학
- 高等学校 고등학교
- 各種学校 각종학교, 학원
- 専修学校 전수학교
- 小学校 소학교
- 中学校 중학교
- 高等専門学校 고등전문학교
- 各種学校 각종학교, 학원
- 専修学校 전수학교

← 義務教育 의무 교육 →

2. 学部 학부

理系 이과
　医学部 의학부
　薬学部 약학부
　工学部 공학부
　理学部 이학부
　農学部 농학부

文系 문과
　法学部 법학부
　経済学部 경제학부
　経営学部 경영학부
　文学部 문학부
　教育学部 교육학부

14 제 취미는 음악을 듣는 것입니다

회화문

와타나베 : 알랭 씨, 취미는 무엇입니까?
말레　　 : 취미요? 음악을 듣는 것입니다.
와타나베 : 그렇습니까? 어떤 음악을 듣습니까?
말레　　 : 재즈나 록을 듣습니다. 와타나베 씨는요?
와타나베 : 저도 음악을 좋아합니다. 가끔 직접 곡을 만듭니다.
말레　　 : 그럼 피아노를 칠 수 있습니까?
와타나베 : 네.
말레　　 : 저는 기타를 칠 수 있습니다.
　　　　　 다음에 같이 콘서트를 합시다.

어휘

14

ギター		기타
たたみ	畳	다다미 (식물 섬유로 만든 일본식 깔개)
かれ	彼	그 사람, 남자 친구, 애인(남자)
かのじょ	彼女	그 여자, 여자 친구, 애인(여자)
りょうきん	料金	요금
でんわりょうきん	電話料金	전화 요금
いけばな	生け花	꽃꽂이
にんじゃ	忍者	닌자 (옛날 일본의 간첩)
カラオケ		가라오케
ゆかた	浴衣	유카타 (무명으로 된 여름용 평상복)
ペット		애완동물
バーベキュー		바비큐
テント		텐트
めざましどけい	目覚まし時計	알람 시계
シャワー		샤워
は	歯	치아, 이
スピーチ		스피치
ブログ		블로그
バスケットボール		농구
ボウリング		볼링
スノーボード		스노보드
ダンス		댄스
からて	空手	가라테
きょく	曲	곡
まちます I	待ちます	기다립니다
しにます I	死にます	죽습니다
ひきます I	弾きます	칩니다, 연주합니다
できます II		할 수 있습니다
すわります I	座ります	앉습니다 (장소＋に)
たちます* I	立ちます	섭니다, 일어섭니다

はらいます　I	払います	지불합니다
セットします　III		맞춥니다, 설정합니다
あびます[シャワーを～]　II	浴びます[シャワーを～]	합니다 [샤워를～]
みがきます　I	磨きます	닦습니다
でかけます　II	出かけます	외출합니다
けします　I	消します	끕니다
のります　I	乗ります	탑니다 [탈것＋に]
おります＊　II	降ります	내립니다 [탈것＋を]
はじめます　II	始めます	시작합니다
みせます　II	見せます	보입니다, 보여 줍니다
のせます　II	載せます	올립니다 [블로그/매체＋に] [기사/사진＋を]
―メートル(m)		―미터
なんメートル(m)	何メートル	몇 미터
この　まえ	この　前	저번에
じぶんで	自分で	직접
うん		응, 그래 (보통체의 긍정형 대답. 친한 사람에게만 사용함)
～とか		～라든지
～　まえに		(～기) 전에

はこね	箱根	하코네
ながの	長野	나가노
みえ	三重	미에
にんじゃむら	忍者村	닌자 마을
ぶんかセンター	文化センター	문화 센터
ますけい	ます形	ます형
じしょけい	辞書形	사전형

문형 설명

14
동사의 그룹
사전형
보통체(普通體) 회화 1

1. 동사 사전형

1) 동사의 그룹

일본어의 동사는 활용형에 따라 Ⅰ그룹, Ⅱ그룹, Ⅲ그룹 등 3그룹으로 나뉜다.

Ⅰ그룹 : ます형의 'ます' 앞 소리가 50음표의 い단인 동사 (-i ます).
Ⅱ그룹 : ます형의 'ます' 앞 소리가 50음표의 え단인 동사 (-e ます).
　　　　단 'みます' 'かります' 'おきます' 'います' 등도 예외적으로 여기에 포함된다.
Ⅲ그룹 : 불규칙 동사 : きます, します

Ⅰ	かいます, おろします, かきます, まちます, あそびます, よみます, わかります 등	-i ます
Ⅱ	おしえます, ねます, あげます, たべます 등 *みます, かります, おきます, います 등	-e ます -i ます
Ⅲ	きます します, べんきょうします, しょくじします 등	불규칙

2) 사전형(V dic.)은 동사의 기본이 되는 활용형이다. 사전에 이 형태가 실려 있기 때문에 '사전형'이라고 불린다. 사전형은 여러 표현이 뒤에 붙을 수 있다.

사전형을 만드는 방법은 다음과 같다.

	Vます	V dic.			Vます	V dic.	
I	かいます かきます およぎます はなします まちます しにます あそびます よみます とります	かう かく およぐ はなす まつ しぬ あそぶ よむ とる	い→う き→く ぎ→ぐ し→す ち→つ に→ぬ び→ぶ み→む り→る	II III	たべます ねます みます かります きます します	たべる ねる みる かりる くる する	ます→る

2. わたしの 趣味は 本を 読む ことです。　　제 취미는 책을 읽는 것입니다.
　　わたしの 趣味は　　　　音楽です。　　　　　제 취미는 음악입니다.

● わたしの 趣味は [V dic. こと / N] です

취미를 말할 때 사용하는 표현이다.
'こと'는 사전형에 붙어서 동사를 명사화시킨다.

3. アランさんは ギターを 弾く ことが できます。　알랭 씨는 기타를 칠 수 있습니다.
　　アランさんは　　　　中国語が できます。　　　알랭 씨는 중국어를 할 수 있습니다.

● [V dic. こと / N] が できます

이 'できます'는 능력을 나타낸다. 'できます' 앞에 명사나 'V dic. ＋こと'를 놓는다.

4. 図書館で CDを 借りる ことが できます。　도서관에서 CD를 빌릴 수 있습니다.
　　図書館で　　インターネットが できます。　도서관에서 인터넷을 할 수 있습니다.

● [V dic. こと / N] が できます

이 'できます'는 어떤 상황에서 동작이 가능함을 나타낸다.

14

5. | 食(た)べる まえに、手(て)を 洗(あら)います。 | 먹기 전에 손을 씻습니다.
   | 食事(しょくじ)の まえに、手(て)を 洗(あら)います。 | 식사 전에 손을 씻습니다.

● [V1 dic.] まえに、V2
   [N の]

V1의 동작을 하기 전에 V2의 동작을 한다는 것을 나타내는 표현이다. V1은 반드시 사전형으로 쓰고, V2가 문장 전체의 시제를 나타낸다. 'まえに' 바로 앞에 명사가 오는 경우에는 명사 뒤에 'の'를 붙여서 'N のまえに'가 된다.

---

① 猫(ねこ)とか、犬(いぬ)とか。 고양이라든지 개라든지.
'とか'는 예를 들 때 사용하는 조사이다.
조사 'や'가 명사 뒤에서만 사용되는 데 반하여 'とか'는 명사 외의 품사 뒤에서도 사용된다. ⇒ 8과 -③

② 上手(じょうず)では ありません。 잘 하지는 못합니다.
'ではありません'은 'じゃありません'과 같은 뜻이다. 'じゃありません'이 회화에서 사용되는 데 반하여 'ではありません'은 문어에서 사용된다.

A : 何(なに)か 食(た)べる？ 뭐 먹을래?
B : うん、食(た)べる。 응, 먹어.

1) 일본어의 회화체에는 정중체와 보통체 2가지가 있다.
   정중체는 격식이 있는 자리에서나 친하지 않은 사람들이나, 서로 모르는 사람들 간의 대화에서 사용된다. 정중체에서는 문장 끝이 'です' 'ます'로 끝나는 정중형이 사용된다.
   보통체는 친구나 가족 간의 대화나, 손윗사람이 손아랫사람에게 말할 때 사용된다. 보통체의 대화에서는 문장 끝에 보통형이 사용된다.
2) 사전형은 비과거 긍정형 'Vます'의 보통형이기도 하다.
3) 보통체 의문문에서는 종조사 'か'는 생략되고, 문장 끝이 높게 발음된다. 또한 'は' 'を' 등 일부 조사는 생략된다.

언어와 문화 정보

コンビニ 편의점

14

1. 宅配便を 送る　　　　　　　　　택배를 보내다
2. 切手、はがき、収入印紙を 買う　　우표, 엽서, 수입 인지를 사다
3. コピーを する　　　　　　　　　복사하다
4. 銀行ＡＴＭで お金を 下ろす　　　은행 ATM에서 돈을 찾다
5. 公共料金（電話、電気、水道、ガスなど）を 払う　　공공 요금 (전화, 전기, 수도, 가스 등) 을 내다
6. 税金を 払う　　　　　　　　　　세금을 내다
7. 国民健康保険料を 払う　　　　　　국민 건강 보험료를 내다
8. 有料ごみ処理券を 買う　　　　　　유료 쓰레기 처리권을 사다
9. チケット（コンサート、スポーツ、映画など）を 買う　　티켓 (콘서트, 스포츠, 영화 등) 을 사다

15 지금 다른 사람이 사용하고 있습니다

회화문

차차이 : 저 ...
농구 코트를 사용하고 싶은데요 ...
접수원 : 처음입니까?
차차이 : 네. 오늘 사용할 수 있습니까?
접수원 : 지금 다른 사람이 사용하고 있으니까, 4시부터 사용이 가능합니다 (4시부터입니다).
차차이 : 그렇습니까? 알겠습니다. 그럼 4시부터 부탁합니다.
접수원 : 그럼 여기에 주소와 이름을 써 주십시오.
차차이 : 네.

어휘

プリント		프린트
なべ		냄비
ボール		공
スリッパ		슬리퍼
さんこうしょ	参考書	참고서
しりょう	資料	자료
すいせんじょう	推薦状	추천장
ごみ		쓰레기
だいどころ	台所	주방, 부엌
コート		코트
じゅうしょ	住所	주소
いそぐ　Ⅰ	急ぐ	서두르다
あつめる　Ⅱ	集める	모으다
コピーする　Ⅲ		복사하다
きる　Ⅰ	切る	자르다, 베다, 끊다
いれる　Ⅱ	入れる	넣다 (무엇＋に)(물건＋を)
にる　Ⅱ	煮る	삶다, 조리다
ならべる　Ⅱ	並べる	늘어놓다, 나란히 하다
とる　Ⅰ	取る	집다, 집어서 건네주다
いう　Ⅰ	言う	말하다
しゅうりする　Ⅲ	修理する	수리하다, 고치다
あがる　Ⅰ	上がる	(남의 집에)들어가다, 들어오다, 오르다
はく　Ⅰ	履く	신다 (슬리퍼, 신발 등)
すてる　Ⅱ	捨てる	버리다
はこぶ　Ⅰ	運ぶ	나르다, 가지고 가다 (장소＋へ)(물건＋を)
ふく　Ⅰ		닦다
あぶない	危ない	위험하다
ほかの		다른

15

もう いちど	もう 一度	다시 한번
すぐ		곧
どうぞ		어서, 어서 ~으십시오
どうも		대단히 (감사, 사죄의 뜻을 강조할 때 사용함)
しつれいします。	失礼します。	실례합니다. (방에 들어갈 때나 그곳을 떠날 때 사용하는 관용구)
いただきます。		잘 먹겠습니다. (식사 전에 사용하는 관용구)
すみませんが、~		죄송한데요, ~
いいですよ。		그러지요. 그렇게 해 드리지요.
てけい	て形	て형

문형 설명

て형 1
보통체 회화 2

1. 동사 て형

て형(Vて)은 동사와 동사를 연결하거나 여러 의미를 가진 표현들을 뒤에 동반하여 사용한다.

て형을 만드는 방법은 다음과 같이 동사 그룹에 따라 다르다.

	V dic.	V て			V dic.	V て	
I	かう まつ とる	かって まって とって	う つ→って る	II	ねる たべる みる	ねて たべて みて	る→て
	よむ あそぶ しぬ	よんで あそんで しんで	む ぶ→んで ぬ	III	くる する	きて して	
	かく いそぐ はなす *いく	かいて いそいで はなして いって	く→いて ぐ→いで す→して				

형용사문, 명사문의 'いAくて' 'なAで' 'Nで'도 이 교재에서는 'て형'이라고 부른다. ⇒ 11과 -**5**

2. 先生：リンさん、プリントを 集めて ください。
   リン：はい、分かりました。

   선생 : 린 씨, 프린트를 모아 주십시오.
   린 : 네, 알겠습니다.

   ● V て ください

   화자가 청자에게 무엇인가를 지시하거나 부탁할 때 사용하는 표현이다.

3. 木村：どうぞ、たくさん 食べて ください。   기무라 : 자, 많이 드십시오.
   ポン：どうも ありがとう ございます。   폰 : 정말 감사합니다.

   ● V て ください

   'V て ください'는 청자에게 무엇인가를 권하는 표현으로도 사용된다. 문형 **2**와 **3**은 그 상황이나 문맥으로 구별한다.

4. キム：漢字を 書いて くださいませんか。
   先生：ええ、いいですよ。

   김 : 한자를 써 주시지 않겠습니까?
   선생 : 네, 써 드리지요 (좋습니다).

   ● V て くださいませんか

   'て ください'보다 더 정중한 의뢰 표현으로, 손윗사람에게 사용한다. 이 말을 하기 전에 'すみませんが'를 사용하는 일이 많다. 이 표현에는 문형 **3**과 같은 권유의 뜻은 없다.

5. キムさんは 今 漢字を 書いて います。

   김혜정 씨는 지금 한자를 쓰고 있습니다.

   ● V て います

   동작이 진행중임을 나타내는 표현이다.

👥 お皿、台所へ運んで。　접시 부엌으로 가져가.
보통체 회화에서는 'Ｖてください'의 'ください'는 생략된다.
정중함의 등급은 다음과 같다.

정중함　　①窓を開けてくださいませんか。
　　　　　　　창문을 열어 주시지 않겠습니까?
　　　　　　②窓を開けてください。　창문을 열어 주십시오.
반말　　　③窓を開けて。　창문을 열어.

ここに名前を書いてください。　여기에 이름을 써 주십시오.
'に'는 동작이 지향하는 목표점을 나타내는 조사이다.

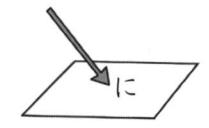

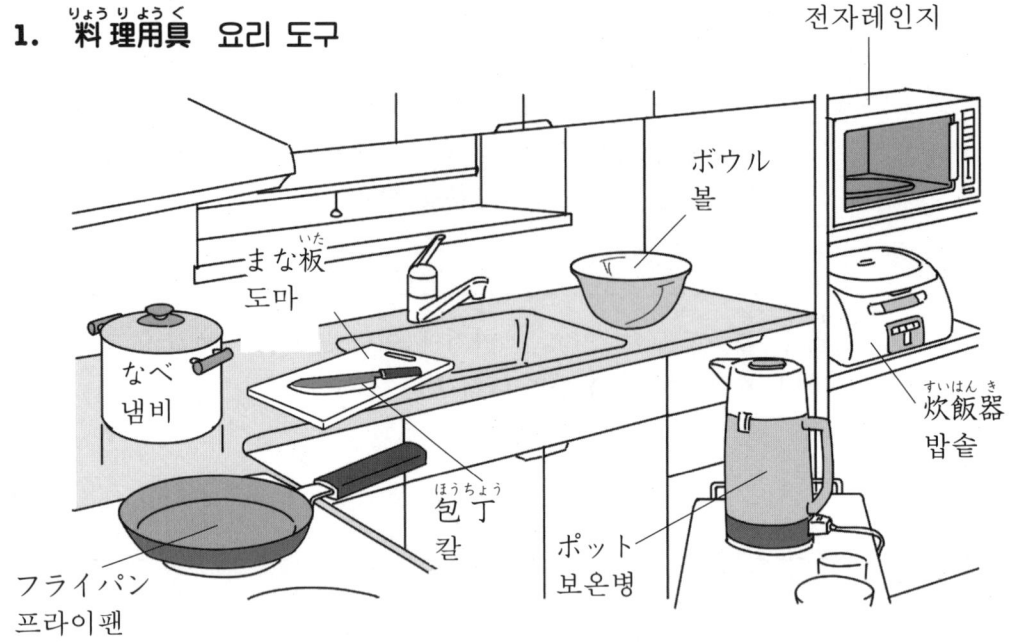

언어와 문화 정보

台所(だいどころ) 주방

1. 料理用具(りょうりようぐ) 요리 도구

- 電子(でんし)レンジ 전자레인지
- ボウル 볼
- まな板(いた) 도마
- なべ 냄비
- 包丁(ほうちょう) 칼
- ポット 보온병
- 炊飯器(すいはんき) 밥솥
- フライパン 프라이팬

2. 調味料(ちょうみりょう) 조미료

砂糖(さとう) 설탕   塩(しお) 소금   しょうゆ 간장   酢(す) 식초
ソース 소스   こしょう 후춧가루   油(あぶら) 기름
マヨネーズ 마요네즈   みそ 된장   ケチャップ 케첩
とうがらし 고춧가루   ドレッシング 드레싱
バター 버터   マーガリン 마가린   ジャム 잼

3. 料理(りょうり)の動詞(どうし) 요리의 동사

焼(や)く 굽다   いためる 볶다   ゆでる 삶다   蒸(む)す 찌다
沸(わ)かす 끓이다   揚(あ)げる 튀기다   混(ま)ぜる 섞다, 비비다   煮(に)る 조리다
炊(た)く (밥을) 짓다, (죽을) 쑤다

4. 味(あじ) 맛

甘(あま)い 달다   辛(から)い 맵다   塩辛(しおから)い／しょっぱい 짜다
酸(す)っぱい 시다   苦(にが)い 쓰다

16 조금 만져 봐도 됩니까?

회화문

기무라 : 와, 로봇이네요.
레　　 : 네. 이 로봇은 회화를 할 수 있습니다.
기무라 : 조금 만져 봐도(만져도) 됩니까?
레　　 : 그러세요. 일도 도와줄 수 있답니다.
기무라 : 정말입니까?
레　　 : 네. 아침 7시에 커피를 내리고 빵을 구워서 가지고 옵니다.
기무라 : 대단하네요. 우리 집 고양이보다 도움이 됩니다.

어휘

(お)かし	(お)菓子	과자
たばこ		담배
ちゅうがくせい	中学生	중학생
びじゅつかん	美術館	미술관
ふく	服	옷
デザイン		디자인
かいしゃ	会社	회사
ばしょ	場所	장소, 위치
ばんごう	番号	번호
でんわばんごう	電話番号	전화번호
メールアドレス		이메일 주소
かめ		거북이
(お)しろ	(お)城	성, (용궁)
おひめさま	お姫様	공주
おどり	踊り	춤
そぼ	祖母	(나의) 할머니, 할머님
そふ *	祖父	(나의) 할아버지, 할아버님
おばあさん *		(남의) 할머니, 할머님
おじいさん *		(남의) 할아버지, 할아버님
ほんやく	翻訳	번역
きかい	機械	기계
きかいこうがく	機械工学	기계 공학
なか	仲	사이
(お)てつだい	(お)手伝い	도움
ほんとう	本当	정말
まいとし	毎年	매년
まいつき *	毎月	매월
チェックする Ⅲ		체크하다
おく Ⅰ	置く	두다 (장소+に)(물건+を)
とめる Ⅱ	止める	세우다 (장소+に)(탈것+を)
すう[たばこを～] Ⅰ	吸う[たばこを～]	피우다 [담배를～]
けっこんする Ⅲ	結婚する	결혼하다

すむ I	住む	살다 (장소+に)
けいえいする III	経営する	경영하다
しる I	知る	알다
きく I	聞く	묻다, 물어보다
たすける II	助ける	구해 주다, 살려 주다
のりかえる II	乗り換える	갈아타다 (교통기관+に)
たいしょくする III	退職する	퇴직하다
さわる I	触る	만지다
いれる II	入れる	내리다, 타다 (커피를)
やく I	焼く	굽다
もって くる III	持って 来る	가지고 오다
もって いく* I	持って 行く	가지고 가다
やくに たつ I	役に 立つ	도움이 되다
すごい		대단하다
どうやって		어떻게
すぐ		근처
もう		이미
あのう		저...
わあ		와
しんじゅく	新宿	신주쿠
うえの	上野	우에노
ひがしぎんざ	東銀座	히가시긴자
うえのどうぶつえん	上野動物園	우에노 동물원
こうきょ	皇居	황거, 황궁
ローラ		로라
モハメド		모하메드
たろう	太郎	다로
JR (ジェイアール)		JR (일본 여객 철도 회사)
さくらだいがく	さくら大学	사쿠라 대학교
ユースホステルへ ようこそ		유스호스텔에 오신 것을 환영합니다
ゆ	湯	목욕탕 (목욕탕의 표시)

문형 설명

て형 2

1. 写真を 撮っても いいです。　사진을 찍어도 됩니다.
   - ● V ても いいです

   허가를 나타내는 표현이다. 의문문 'V てもいいですか'로 쓰면 상대에게 허가를 구하는 표현이 된다.

   허가를 할 때는 'ええ、いいですよ' 'ええ、どうぞ', 허가하지 않을 때는 직접적인 표현을 피하고 'すみません。ちょっと……'라고 대답하는 것이 좋다.

   A : 写真を 撮っても いいですか。　사진을 찍어도 됩니까?
   B1 : ええ、いいですよ。　네, 괜찮습니다.
   B2 : すみません。ちょっと……。　죄송합니다. 그건 좀…

2. 教室で ジュースを 飲んでは いけません。
   교실에서 주스를 마시면 안 됩니다.
   - ● V ては いけません

   금지 표현이다. 거리나 공공시설 등 공적인 장소에서의 규칙 등에 대해서 말할 때 사용한다.

3. ナルコさんは 結婚して います。　나르코 씨는 결혼했습니다.
   - ● V て います

   과거의 동작의 결과가 현재까지 계속되고 있는 상태를 나타낸다.
   또한 반복되는 습관적인 동작이나 직업에 대해서 말할 때도 사용한다.

   ナルコさんは 大学で 働いて います。
   나르코 씨는 대학에서 일하고 있습니다.

4. 宿題を して、メールを 書いて、寝ました。
   숙제를 하고 메일을 쓴 후에 잤습니다.
   - ● V1 て、(V2 て、) V3

   동사를 て형으로 연결하여 연속되는 동작을 나타내는 표현이다. 연결되는 동사는 보통 2개나 3개이다. 시제는 문장 끝에서 나타낸다.

① A : さくら大学の 場所を 知って いますか。
B : いいえ、知りません。
A : 사쿠라 대학교 위치를 알고 있습니까?
B : 아니요, 모르겠습니다.
'しっています'의 부정형은 'しっていません'이 아니라 'しりません'이다.

언어와 문화 정보
駅 역

> 2番線に 電車が 参ります。
> 危ないですから、黄色い 線の 内側まで 下がって ください。
> 2번선에 열차가 들어오고 있습니다. 위험하오니 노란 선 밖으로 (안쪽까지) 물러서 주십시오.

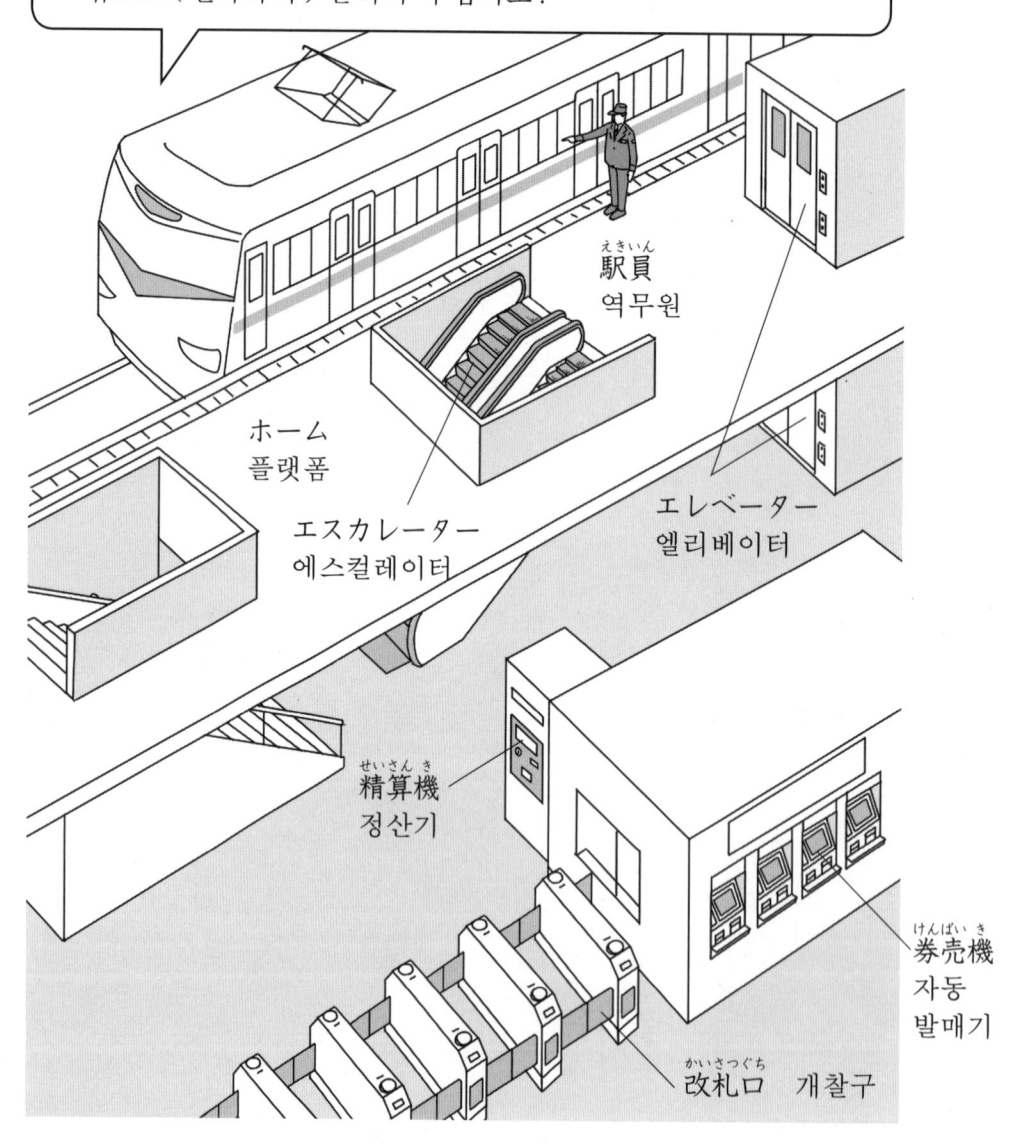

駅員 역무원

ホーム 플랫폼

エスカレーター 에스컬레이터

エレベーター 엘리베이터

精算機 정산기

券売機 자동 발매기

改札口 개찰구

中央口 중앙 출입구 　東口 동쪽 출입구 　西口 서쪽 출입구
南口 남쪽 출입구 　北口 북쪽 출입구 　待合室 대합실

17 너무 무리하지 마십시오

회화문

린　　　: 마리 씨, 같이 가지 않겠습니까?

스미스 : 미안합니다. 먼저 가십시오.
　　　　 저는 조금 더 연습을 하고 나서 가겠습니다.

린　　　: 마리 씨는 연습을 많이 하는군요.

스미스 : 네. 이번 주 토요일에 시민 운동장에서 경기가 있거든요.

린　　　: 그래요? 그럼 힘 내십시오.
　　　　 하지만 너무 무리하지 마십시오.

스미스 : 고마워요.

어휘

はと		비둘기
えさ		먹이
いけ	池	연못
えだ	枝	나뭇가지
せんせい	先生	선생님 (교사를 비롯하여 대학 교수, 의사, 변호사 등을 부를 때 사용하는 경칭)
ぜいきん	税金	세금
しけん	試験	시험
さくぶん	作文	작문
おうさま	王様	왕, 임금님
ちゅうがく	中学	중학교
こうこう	高校	고등학교
でんげん	電源	전원
ファイル		파일
アドレス		이메일 주소
しあい	試合	경기
せん	栓	마개
(お)ゆ	(お)湯	더운 물
タオル		타월
にさんにち	2、3日	이삼일 동안
なく Ⅰ	泣く	울다
わらう Ⅰ	笑う	웃다
おす Ⅰ	押す	밀다
おこる Ⅰ	怒る	화를 내다
やる Ⅰ		주다 (동식물이나 손아래 사람에게 줄 때 사용함)
おる Ⅰ	折る	꺾다
うんてんする Ⅲ	運転する	운전하다

うける [しけんを～] Ⅱ	受ける [試験を～]	보다 [시험을～]
ならぶ Ⅰ	並ぶ	줄을 서다
あやまる Ⅰ	謝る	사과하다
やる Ⅰ		하다 ('する'의 보통체 말투)
そつぎょうする Ⅲ	卒業する	졸업하다
きる Ⅰ	切る	끄다
ほぞんする Ⅲ	保存する	저장하다
そうしんする Ⅲ	送信する	송신하다
さくじょする Ⅲ	削除する	삭제하다
とうろくする Ⅲ	登録する	등록하다
かける Ⅱ		뿌리다 (물건＋に)(액체 / 가루 ＋を)
ぬく Ⅰ	抜く	뽑다
でる Ⅱ	出る	나오다, 나가다
ある Ⅰ	ある	있다
がんばる Ⅰ	頑張る	힘을 내다
むりを する Ⅲ	無理を する	무리를 하다
ない		없다 ('ある'의 부정형)
まだ		아직
ぜんぶ	全部	전부, 다
さきに	先に	먼저
もう すこし	もう 少し	조금 더
ううん		아니야

しみんグラウンド	市民グラウンド	시민 운동장
おめでとう ございます。		축하합니다.
ないけい	ない形	ない형

문형 설명

ない형
て형 3
보통체 회화 3

1. 동사 ない형

ない형 뒤에는 여러 표현들을 붙여서 사용할 수 있다.
ない형을 만드는 방법은 동사 그룹에 따라 다르다.

I그룹 : 사전형의 끝 음절 '-u'를 '-a + ない'로 바꾼다.
　　　　(단, 'う'는 'あない'가 아니라 'わない'가 된다)
II그룹 : 사전형의 'る'를 'ない'로 바꾼다.
III그룹 : 'くる→こない' 'する→しない'

		V dic.	V ない				V dic.	V ない	
I		かう	かわない	う→わ	ない	II	ねる	ねない	
		かく	かかない	く→か			みる	みない	る→ない
		はなす	はなさない	す→さ					
		まつ	またない	つ→た					
		しぬ	しなない	ぬ→な		III	くる	こない	
		あそぶ	あそばない	ぶ→ば			する	しない	
		よむ	よまない	む→ま					
		かえる	かえらない	る→ら					
		*ある	ない						

2. 写真を 撮らないで ください。　　사진을 찍지 마십시오(말아 주십시오).
● V ないで ください
어떤 동작을 하지 말 것을 부탁하거나 지시하는 표현이다.

3. 税金を 払わなくても いいです。　세금을 지불하지 않아도 됩니다.

●Vなくても いいです

'그 동작을 할 필요가 없다'는 것을 나타내는 표현이다.

4. 晩ご飯を 食べてから、テレビを 見ます。

저녁을 먹고 나서 텔레비전을 봅니다.

●V1 てから、V2

동작이 일어나는 순서를 나타내는 표현이다. V1 동작이 끝난 후에 V2 동작을 함을 나타낸다. 시제는 문장 끝에서 나타낸다.

---

① 市民グラウンドで 試合が あります。　시민 운동장에서 경기가 있습니다.
행사의 개최, 사건의 발생 등을 나타내는 표현이다. 조사 'で'는 행사나 사건이 일어나는 장소를 나타낸다.

① A：サッカーの 試合、見に 行く？　축구 경기 보러 가?
　　B：ううん、行かない。　아니야, 안 가.
　　ない형은 비과거 부정형 'Vません'의 보통형이기도 하다.

② 砂糖、入れないで。　설탕 넣지 말아 줘.
　　'Vないでください'는 보통체 회화에서는 'Vないで'가 된다.
　　⇒ 15과

언어와 문화 정보

コンピューターと メール 컴퓨터와 이메일

1. コンピューター 컴퓨터

新規作成(しんきさくせい) 새로 만들기　開く(ひらく) 열기　上書き保存(うわがきほぞん) 저장
印刷(いんさつ) 인쇄　印刷(いんさつ)プレビュー 인쇄 미리 보기
スペルチェック 맞춤법 검사
切(き)り取(と)り 잘라내기　コピー 복사　貼(は)り付(つ)け 붙여넣기, 붙이기
書式(しょしき)の コピー／貼(は)り付(つ)け 서식 복사／붙여넣기　戻(もど)る 취소, 되돌리기
やり直(なお)す 반복, 다시 실행
ファイル 파일　編集(へんしゅう) 편집　表示(ひょうじ) 보기
挿入(そうにゅう) 삽입　書式(しょしき) 서식

2. メール 이메일

メールの 作成(さくせい) 새 메시지　返信(へんしん) 회신　全員(ぜんいん)へ 返信(へんしん) 전체 회신
転送(てんそう) 전달　印刷(いんさつ) 인쇄　削除(さくじょ) 삭제
送受信(そうじゅしん) 보내기 및 받기

18 일본 씨름을 본 적이 없습니다

회화문

기무라 : 톰 씨, 일본 씨름을 좋아합니까?
조던　 : 아주 좋아합니다.
기무라 : 보러 간 적이 있습니까?
조던　 : 아니요, 항상 텔레비전으로 보는데요... 기무라 씨는요?
기무라 : 저는 몇 번이나 간 적이 있습니다.
　　　　 다음에 같이 가지 않겠습니까?
조던　 : 뭐라고요? 정말입니까?
기무라 : 일본 씨름 선수와 같이 사진을 찍거나 악수를 할 수 있습니다.
조던　 : 와, 감사합니다. 기대하고 있겠습니다.

어휘

かぶき	歌舞伎	가부키 (일본의 전통 음악극)
ぼんおどり	盆踊り	본 오도리 춤 (여름에 추는 일본 민속춤)
パンフレット		팜플렛
ひっこし	引っ越し	이사
ガス		가스
ガスがいしゃ	ガス会社	가스 회사
すいどう＊	水道	수도
ろんぶん	論文	논문
わすれもの	忘れ物	잊은 것, 두고 내린 물건
こいびと	恋人	애인
なっとう	納豆	낫토 (일본 청국장)
ぞう	象	코끼리
あくしゅ	握手	악수
ホームステイする Ⅲ		홈스테이하다
さがす Ⅰ	探す	찾다, 알아보다
にづくりする Ⅲ	荷造りする	짐을 꾸리다
れんらくする Ⅲ	連絡する	연락하다
きが つく Ⅰ	気が つく	깨닫다 / 알다 (사물＋に)
だす Ⅰ	出す	내다
しっぱいする Ⅲ	失敗する	실패하다
わかれる Ⅱ	別れる	헤어지다 (사람＋と)
かんせいする Ⅲ	完成する	완성되다
おもいだす Ⅰ	思い出す	생각이 나다
たのしみに する Ⅲ	楽しみに する	기대하다
だいすき [な]	大好き [な]	아주 좋아하다
―かい	―回	―번 (회수)
なんかい	何回	몇 번 (회수)

どの	어느 (선택지가 3개 이상인 경우에 사용함)
ぜひ	꼭
やっと	드디어
えっ	넷?
～あとで	～후에
いつが いいですか。	언제가 좋습니까?
いつでも いいです。	언제라도 좋습니다.

たけい	た形	た형

문형 설명
た형
보통체 회화 4

1. 동사 た형

'た형'은 뒤에 여러 표현들을 붙여서 사용한다.
'た형'(Vた)을 만드는 방법은 'て형'과 같으며, 'て형'의 'て'를 'た'로 바꾼다.

	V dic.	Vて	Vた			V dic.	Vて	Vた	
I	かう	かって	かった		II	たべる	たべて	たべた	
	かく	かいて	かいた	て→た		みる	みて	みた	て→た
	かす	かして	かした		III	くる	きて	きた	
	よむ	よんで	よんだ			する	して	した	

2. わたしは 北海道へ 行った ことが あります。
저는 홋카이도에 간 적이 있습니다.
● **Vた ことが あります**

과거의 경험을 말하는 표현이다. 경험의 내용은 'Vた＋こと'로 나타낸다. 아래와 같이 단지 과거의 동작이나 사건을 말하는 문장에서는 사용하지 않는다.

わたしは 昨日 カメラを 買いました。 저는 어제 카메라를 샀습니다.

3. わたしは テレビを 見たり、本を 読んだり します。
저는 텔레비전을 보거나 책을 읽거나 합니다.
● **V1 たり、V2 たり します**

많은 동작 중에서 대표적인 동작을 예로 들어 서술하는 표현이다. 시제는 문장 끝의 'します'에서 나타낸다.

4. わたしは　　　泳いだ あとで、30分 寝ました。
　　わたしは ジョギングの あとで、30分 寝ました。
저는 수영한 후에 30분 잤습니다.
저는 조깅 후에 30분 잤습니다.
● [V1た / Nの] あとで、V2

V1, N의 동작이 끝난 후에 N2 동작이 일어남을 나타낸다.
시제는 문장 끝에서 나타낸다.
'V たあとで'는 어느 동작이 먼저이고 어느 동작이 나중인가 하는 순서에 초점이 맞추어져 있는 데 반하여, 'V てから'는 어떤 동작이 일어난 후에 다음 동작이 일어난다는 연속성에 초점이 맞추어져 있다. ⇒ 17과 -**4**

① 何回も 行った ことが あります。 몇 번이나 간 적이 있습니다.
'なんかいも'는 '몇 번이나'라는 뜻이다. 'なん＋조수사＋も'는 그 수를 화자가 많다고 느끼고 있음을 나타낸다.
　　何時間も 勉強しました。 몇 시간이나 공부했습니다.

A : 何時に うちへ 帰った？ 몇 시에 집에 들어갔어?
B : 6時に 帰った。 6시에 들어갔어.
'た형'은 과거 긍정형으로, 'V ました'의 보통형이기도 하다.

いつでも いいです。 언제든지 좋습니다.
'의문사 いつ／なん／どこ／だれ／どちら＋でも'는 '언제든지 / 무엇이든지 / 어디든지 / 누구든지 / 어느 쪽이든지'라는 뜻이다.
いつでも いいです。 언제든지 좋습니다.
何でも いいです。 무엇이든지 좋습니다.
どこでも いいです。 어디든지 좋습니다.
だれでも いいです。 누구든지 좋습니다.
どちらでも いいです。 어느 쪽이든지 좋습니다.

조사 'を'는 거기서 밖으로 나가거나 내릴 장소(대상)를 나타내고, 'に'는 들어가거나 탈 장소(대상)를 나타낸다.

```
         に  ┌─────┐  を
   ──────→ │ 電車 │ ──────→
    乗ります └─────┘  降ります
```

電車を 降ります。 전철을 내립니다. 部屋を 出ます。 방을 나갑니다.
電車に 乗ります。 전철을 탑니다. 部屋に 入ります。 방에 들어갑니다.

언어와 문화 정보

都道府県(とどうふけん) 도도부현

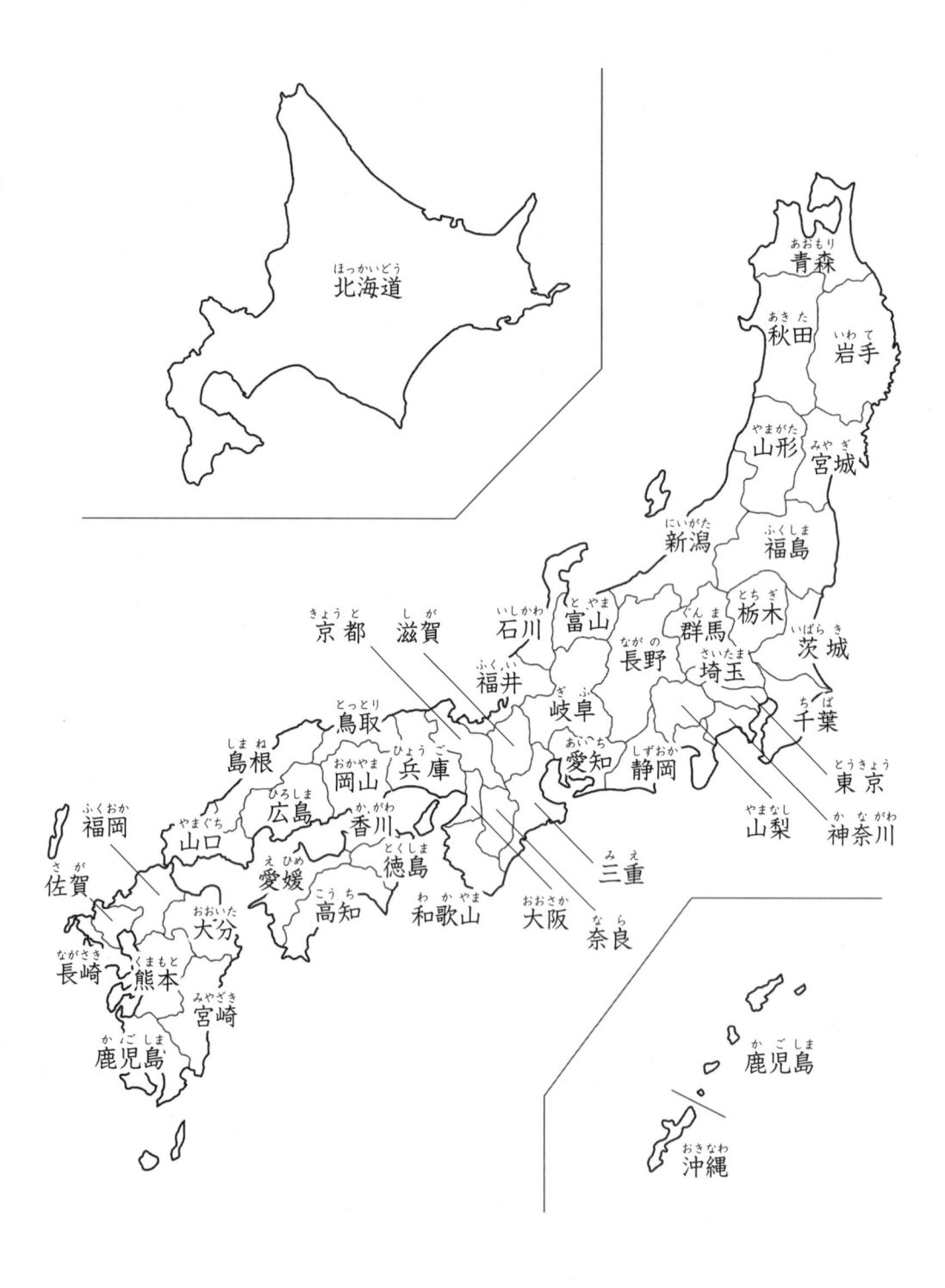

北海道(ほっかいどう)

青森(あおもり)
秋田(あきた)
岩手(いわて)
山形(やまがた)
宮城(みやぎ)
新潟(にいがた)
福島(ふくしま)
京都(きょうと)
滋賀(しが)
石川(いしかわ)
富山(とやま)
栃木(とちぎ)
群馬(ぐんま)
茨城(いばらき)
福井(ふくい)
岐阜(ぎふ)
長野(ながの)
埼玉(さいたま)
鳥取(とっとり)
島根(しまね)
岡山(おかやま)
兵庫(ひょうご)
愛知(あいち)
静岡(しずおか)
千葉(ちば)
東京(とうきょう)
福岡(ふくおか)
広島(ひろしま)
山口(やまぐち)
香川(かがわ)
徳島(とくしま)
三重(みえ)
山梨(やまなし)
神奈川(かながわ)
佐賀(さが)
愛媛(えひめ)
高知(こうち)
和歌山(わかやま)
大阪(おおさか)
奈良(なら)
大分(おおいた)
長崎(ながさき)
熊本(くまもと)
宮崎(みやざき)
鹿児島(かごしま)
沖縄(おきなわ)

まとめ 3

어휘

ピザ		피자
せんもんがっこう	専門学校	전문학교, 학원
カップ		잔
コーヒーカップ		커피 잔
フリーマーケット		벼룩시장
あなた		당신
みつける Ⅱ	見つける	찾아내다
ほんとうに	本当に	정말로

19 역은 밝고 깨끗하다고 생각합니다

회화문

린　　 : 마리 씨, 도쿄 전철에 대해서 어떻게 생각합니까?
스미스 : 글쎄요. 편리하다고 생각하지만 러시아워는 아주 붐벼서 힘듭니다.
린　　 : 그렇지요.
스미스 : 게다가 전철 안내 방송이나 역 벨 소리는 시끄럽다고 생각합니다.
린　　 : 그렇습니까? 김혜정 씨는 어떻게 생각합니까?
김　　 : 마리 씨는 시끄럽다고 말했는데 저는 아주 친절하다고 생각합니다.
　　　　게다가 역은 밝고 깨끗하다고 생각합니다.

어휘 19

ちきゅう	地球	지구
じんこう	人口	인구
つき	月	달
しゅるい	種類	종류
(お)いしゃ(さん)	(お)医者(さん)	의사, 의사 선생님
かぜ	風邪	감기
インフルエンザ		독감
くすり	薬	약
ようじ	用事	볼일
ぼうねんかい	忘年会	망년회
ミーティング		회의
そうべつかい	送別会	송별회
こくさいけっこん	国際結婚	국제결혼
しゅうかん	習慣	습관
りゅうがく	留学	유학
はれ	晴れ	맑음
くもり*	曇り	흐림
もり	森	숲
かわ	川	강
みなと	港	항구
きもち	気持ち	기분
ラッシュアワー		러시아워
ベル		벨
むかし	昔	옛날, 옛날에
そう		그렇게
おもう Ⅰ	思う	생각하다, 여기다
ふえる Ⅱ	増える	늘다
へる* Ⅰ	減る	줄다
なくなる Ⅰ		없어지다
なおる Ⅰ	治る	낫다

19

のむ[くすりを～] I	飲む[薬を～]	먹다 [약을～]
でる II	出る	나가다 (모임＋に)
ちがう I	違う	다르다
あるく I	歩く	걷다
みえる II	見える	보이다
つかれる II	疲れる	지치다, 피곤하다
きびしい	厳しい	엄하다
ひつよう[な]	必要[な]	필요하다
これから		지금부터
ちょっと		좀
それに		게다가
さあ		글쎄요
～に ついて		～에 대하여
そうですね。		글쎄요.
おだいじに。	お大事に。	몸조리 잘 하십시오. (환자에게 말하는 관용구)
こんで います	込んで います	붐빕니다

ていねいけい	丁寧形	정중형
ふつうけい	普通形	보통형

문형 설명
보통형
보통체 회화 5

1. 보통형

    1) 일본어에는 정중체, 보통체라는 2가지 문체가 있으며, 정중체는 문장 끝에 정중형을, 보통체는 문장 끝에 보통형을 사용한다.
    ⇒ 14 과
    보통체는 회화 외에도 보도 기사, 논문 등에 사용된다.

    2) 보통형은 뒤에 여러 표현을 수반하여 정중체 및 보통체 문장에 사용된다.
    사전형은 정중체 'Vます', ない형은 'Vません', た형은 'Vました' 등의 보통형이기도 하다. 이 과에서는 'Vませんでした'에 해당하는 동사 보통형(과거 부정)과 형용사, 명사의 보통형을 공부하겠다.

    3) 보통형을 만드는 방법
    동사 과거 부정형은 'ない'를 'なかった'로 바꾸어서 만든다.

    よま**ない** → よま**なかった**
    たべ**ない** → たべ**なかった**
    こ**ない** → こ**なかった**

    い형용사의 보통형은 정중형에서 'です'를 뺀다.
비과거 긍정	おおき**いです**	→	おおき**い**
과거 긍정	おおき**かったです**	→	おおき**かった**
비과거 부정	おおき**くないです**	→	おおき**くない**
과거 부정	おおき**くなかったです**	→	おおき**くなかった**

    な형용사와 명사의 보통형은 다음과 같이 만든다.
비과거 긍정	ひま**です**	→	ひま**だ**
과거 긍정	ひま**でした**	→	ひま**だった**
비과거 부정	ひま**じゃありません**	→	ひま**じゃない**
과거 부정	ひま**じゃありませんでした**	→	ひま**じゃなかった**

2. バスは すぐ 来ると 思います。　버스는 곧 올 것이라고 생각합니다.

● 보통형과 思います

1) 'とおもいます'는 화자가 자신의 의견이나 감상을 말하거나 추측할 때 사용하는 표현이다.
   의견, 감상, 추측의 내용은 보통형에 인용을 나타내는 조사 'と'를 붙여 나타낸다. 부정문에서는 부정형 뒤에 조사 'と'를 붙여 사용한다.
   バスは すぐ 来ないと 思います。
   버스는 곧 오지 않을 것이라고 생각합니다.

2) 의견이나 감상을 물을 때 '~についてどうおもいますか'를 사용한다.
   'どう'는 뒤에 조사 'と'가 붙지 않는다.
   A : 地下鉄に ついて どう 思いますか。
   　　지하철에 대해서 어떻게 생각합니까?
   B : 便利だと 思います。　편리하다고 생각합니다.

3) 상대가 말한 내용에 대하여 찬성하는 경우에는 'そうおもいます'를 사용한다.
   A : 漢字の 勉強は 大変ですが、役に 立つと 思います。
   　　한자 공부는 힘들지만 도움이 될 것이라고 생각합니다.
   B : わたしも そう 思います。　저도 그렇게 생각합니다.

3. アランさんは 時間が ないと 言いました。
알랭 씨는 시간이 없다고 말했습니다.

● 보통형과 言います

1) 'といいます'는 누군가의 발언을 간접적으로 인용하는 표현이다.
   인용 부분은 일반적으로 보통체를 사용하고 조사 'と'를 붙여 나타낸다.
   인용된 문장은 주문(主文) 시제의 영향을 받지 않는다.

2) 발언 내용을 물을 때 의문사 'なん'을 사용하고 다음과 같이 말한다.
   A : アランさんは 何と 言いましたか。　알랭 씨는 뭐라고 말했습니까?
   B : 時間が ないと 言いました。　시간이 없다고 말했습니다.

① 疲(つか)れたが、気(き)持(も)ちが よかった。　피곤하지만 기분이 좋았다.
회화체, 문어체에 상관없이 보통체에서는 접속조사 'が' 'から' 앞에서 보통형을 사용한다.
보통체 : 楽(たの)しかったから、また 行(い)きたい。즐거웠으니까 다시 가고 싶다.
정중체 : 楽(たの)しかったですから、また 行(い)きたいです。
　　　　즐거웠으니까 다시 가고 싶습니다.

A : 今日(きょう)、暇(ひま)？　오늘 시간 있어?
B : うん。　응.
보통체 회화에서는 명사와 な형용사의 보통체 끝의 '―だ'는 생략된다.
　　A　: あした 休(やす)み？　내일 쉬어(쉬는 날이야)?
　　B1 : うん、休(やす)み。　응, 쉬어(쉬는 날이야).
　　B2 : ううん、休(やす)みじゃ ない。　아니, 안 쉬어(쉬는 날이 아니야).

森(もり)の 中(なか)を 歩(ある)きます　숲 속을 걷습니다.
'を'는 이동하는 장소를 나타내는 조사이다.
---

19 언어와 문화 정보

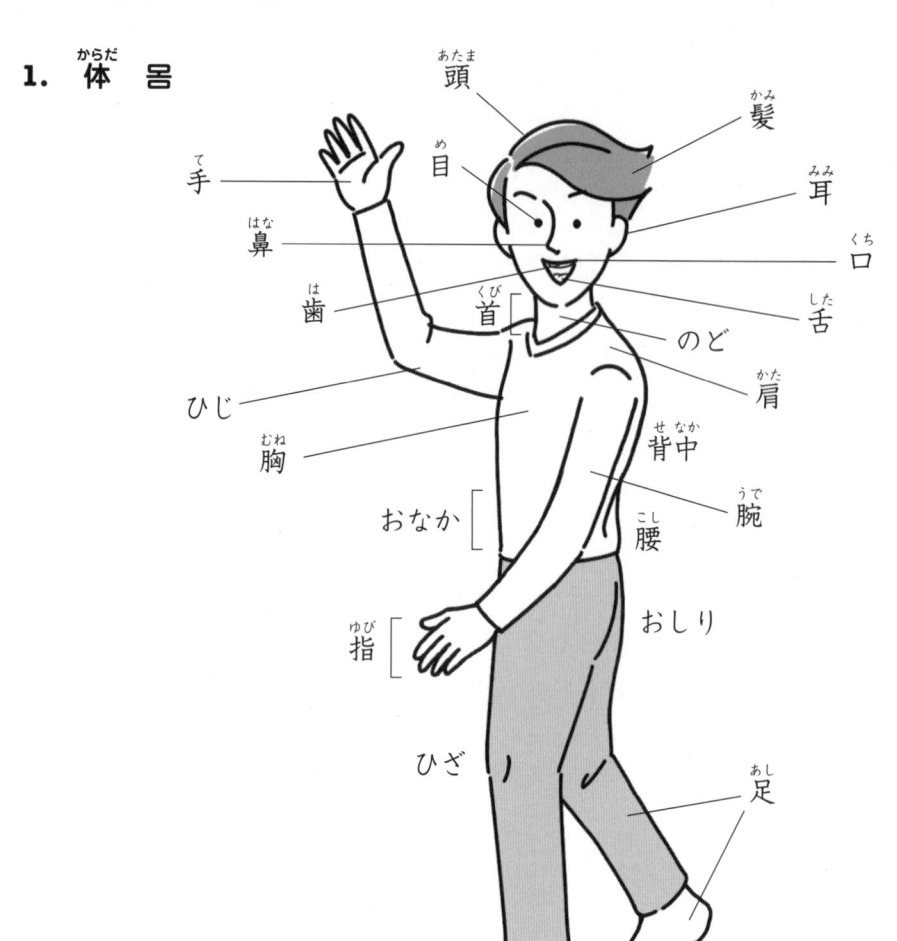

体・病気・けが 몸, 질병, 부상
(からだ・びょうき)

1. 体 몸
(からだ)

- 頭 (あたま)
- 髪 (かみ)
- 目 (め)
- 耳 (みみ)
- 手 (て)
- 鼻 (はな)
- 口 (くち)
- 歯 (は)
- 首 (くび)
- 舌 (した)
- のど
- 肩 (かた)
- ひじ
- 背中 (せなか)
- 胸 (むね)
- おなか
- 腰 (こし)
- 腕 (うで)
- おしり
- 指 (ゆび)
- ひざ
- 足 (あし)

2. 病気・けが 질병, 부상
(びょうき)

おなかが 痛いです 배가 아픕니다.
熱が あります 열이 있습니다.　　せきが 出ます 기침이 납니다.
寒けが します 오한이 납니다.　　吐きけが します 구역질이 납니다.
便秘です 변비입니다.　　下痢です 설사를 합니다.
やけどしました 화상을 입었습니다.

風邪 (かぜ) 감기　　インフルエンザ 독감　　ねんざ 염좌, 관절을 삠
骨折 (こっせつ) 골절　　花粉症 (かふんしょう) 화분증, 꽃가루 알레르기　　アレルギー 알레르기

20 이것은 여자 친구에게서 받은 티셔츠입니다

회화문

조던 : 폰 씨, 그 티셔츠 좋군요.
차차이 : 고마워요.
조던 : 새 티셔츠입니까?
차차이 : 네, 그런데요.
조던 : 저도 새 티셔츠를 가지고 싶은데 쇼핑을 갈 시간이 없습니다.
차차이 : 그렇습니까? 저는 자주 인터넷으로 쇼핑을 합니다.
조던 : 그럼 그것도 인터넷으로 산 것입니까?
차차이 : 아니요, 이것은 여자 친구에게서 받은 티셔츠입니다.
조던 : 부럽군요 (좋군요).

어휘

ひ	火	불
ビル		빌딩
きけん	危険	위험
うちゅう	宇宙	우주
うちゅうステーション	宇宙ステーション	우주 스테이션
ゆめ	夢	꿈
かがくしゃ	科学者	과학자
じっけん	実験	실험
バイオぎじゅつ	バイオ技術	바이오 기술
サンダル		샌들
ぼうし	帽子	모자
スカート		스커트
めがね	眼鏡	안경
かみ	紙	종이
はさみ		가위
Ｔ シャツ (ティー)		티셔츠
アンケート		앙케이트, 설문 조사
テーマ		테마, 주제
うんどう	運動	운동
シート		설문지
その た	その 他	기타
こわす Ⅰ	壊す	헐다, 부수다
しらせる Ⅱ	知らせる	알리다
せっけいする Ⅲ	設計する	설계하다
うまれる Ⅱ	生まれる	태어나다
そだてる Ⅱ	育てる	키우다
かぶる[ぼうしを～] Ⅰ	かぶる[帽子を～]	쓰다 [모자를～]
かける[めがねを～] Ⅱ	掛ける[眼鏡を～]	끼다 [안경을～]

する Ⅲ		매다 (넥타이를~)
きめる Ⅱ	決める	정하다
まとめる Ⅱ		정리하다
—ほん／ぼん／ぽん	—本	—개, —자루 (막대기 상태의 긴 것을 셀 때 사용하는 조수사)
なんぼん*	何本	몇 개, 몇 자루
ゆうべ		어제 저녁
よく		자주
～だけ		～만, ～뿐
いじょうです。	以上です。	이상입니다. (스피치 등을 마무리할 때 사용함)
まあ。		좀 (애매한 긍정 표현).
いいなあ。		부럽군요. (친근한 회화에서 사용함)
クイズ		퀴즈

カエサル		카이사르
むらさきしきぶ	紫式部	무라사키 시키부
ナポレオン		나폴레옹
マリリン・モンロー		마릴린 몬로
ジョン・レノン		존 레논
チャップリン		채플린
クレオパトラ		클레오파트라

문형 설명

20 명사 수식

1. 명사 수식

일본어에서는 수식어는 단어, 문장의 구별 없이 모두 명사 앞에 온다.

1) 명사, 형용사에 의한 수식

앞서 명사나 형용사에 의한 명사 수식을 공부했다.

日本の 山 일본의 산⇒1 과
高い 山 높은 산⇒7 과
有名な 山 유명한 산⇒7 과

2) 문장에 의한 수식

이 과에서는 문장에 의한 명사 수식을 공부한다.
보통형의 모든 활용형을 사용할 수 있다.

あした 来る 人 내일 올 사람
あした 来ない 人 내일 오지 않을 사람
昨日 来た 人 어제 온 사람
昨日 来なかった 人 어제 오지 않은 사람

3) 명사 수식절 안의 주어는 조사 'が'로 나타낸다.

アンさんは ロボットを 作りました。 안 씨는 로봇을 만들었습니다.
↓
アンさんが 作った ロボット 안 씨가 만든 로봇

2. これは 掃除を する ロボットです。 이것은 청소를 하는 로봇입니다.

●명사 수식문

수식 받은 부분 'そうじをするロボット'는 문장의 각 부분에서 주어, 서술어 등으로 쓰인다.

アンさんは 掃除を する ロボットを 作りました。
안 씨는 청소를 하는 로봇을 만들었습니다.

掃除を する ロボットは 便利です。
청소를 하는 로봇은 편리합니다.

① カエサルは サンダルを 履いて います。
   카이사르는 샌들을 신었습니다 (신고 있습니다).
   일본어에서는 착용하는 의류에 따라서 사용하는 동사가 다르다. 옷이나 양복은 '착ます', 신발이나 바지는 'はきます', 모자는 'かぶります', 안경은 'かけます', 액세서리는 'します'를 사용한다.

② 食事は 1日に 2回だけでした。 식사는 하루에 두 번뿐이었습니다.
   'に'(에)는 빈도의 기준을 나타내는 조사이다.
       1週間に 1回   1주일에 한 번
       2か月に 1回   2개월에 한 번

③ 色も デザインも 大好きです。 색도 디자인도 아주 좋아합니다.
   'N1 も N2 も'는 'N1 과 N2 모두'라는 뜻이다.

A : サンダルを 履いて いる 人は だれですか。
    샌들을 신은 사람은 누구입니까?
B : カエサルです。 카이사르입니다.
화자와 개인적으로 친하지 않은 사람이나 유명인에 대해서는 '～さん'를 붙이지 않는 것이 보통이다.

언어와 문화 정보

色・柄・素材 색, 무늬, 소재

1. 色 색

白 흰색　青 파란색　黒 검은색　黄色 노란색　赤 붉은색
茶色 밤색　緑 녹색　紺 감색　ピンク 분홍색
紫 보라색　オレンジ 오렌지색　ベージュ 베이지색　グレー 회색

2. 柄 무늬

無地 — 무지, 민무늬
水玉 — 물방울무늬
チェック — 체크무늬
ストライプ — 줄무늬
花柄 — 꽃무늬

3. 素材 소재

綿／コットン — 면, 무명
毛／ウール — 울, 양털
絹／シルク — 실크
ポリエステル — 폴리에스테르
革 — 피혁, 가죽

21 비가 오면 투어는 취소됩니다

회화문

김　　　: 저... 하이킹 투어 신청은 여기서 하면 됩니까(여기입니까)?
다나카 : 네, 이 신청서를 써 주십시오.
김　　　: 네.
다나카 : 다 쓰면 이 상자에 넣어 주십시오.
김　　　: 네. 저, 비가 와도 투어를 갑니까(비라도 투어가 있습니까)?
다나카 : 아니요, 비가 오면 취소됩니다(중지입니다).
　　　　걱정이 되면 아침에 여기에 전화해 주십시오.
김　　　: 알겠습니다.
다나카 : 아침 8시까지 학교에 와 주십시오.

어휘

ゆき	雪	눈
ざんぎょう	残業	야근
びょうき	病気	병
みち	道	길
キャッシュカード		현금 카드
こうつう	交通	교통
じこ	事故	사고
こうつうじこ	交通事故	교통사고
じしん	地震	지진
たいふう*	台風	태풍
けいさつ	警察	경찰
エンジン		엔진
ちょうし	調子	컨디션
じゅけんひょう	受験票	수험표
あさねぼう	朝寝坊	늦잠
ラブレター		연애편지
せいせき	成績	성적
おしゃべり		잡담
ず	図	도면
いえ	家	집
ちから	力	힘
とし	年	나이
へび	蛇	뱀
おや	親	부모
ふつう	普通	보통
ツアー		투어
もうしこみ	申し込み	신청
～しょ	～書	～서
もうしこみしょ	申込書	신청서
ちゅうし	中止	중지, 취소
ふる Ⅰ	降る	내리다
まよう Ⅰ	迷う	헤매다 (길+に)

なくす Ⅰ		잃다
あう Ⅰ	遭う	당하다 (사고＋に)
おきる Ⅱ	起きる	일어나다
わすれる Ⅱ	忘れる	잊다, 두고 오다, 두고 가다
ひろう Ⅰ	拾う	줏다
たりる Ⅱ	足りる	족하다, 충분하다
つく Ⅰ	着く	도착하다 (장소＋に)
とどく Ⅰ	届く	배달되다
さく Ⅰ	咲く	피다
しょうかいする Ⅲ	紹介する	소개하다, 소개시키다
やめる Ⅱ		그만하다, 끝내다
くみたてる Ⅱ	組み立てる	조립하다
ふとる Ⅰ	太る	살찌다
やせる* Ⅱ		살이 빠지다, 마르다
おとす Ⅰ	落とす	떨어뜨리다
われる Ⅱ	割れる	깨지다
よう Ⅰ	酔う	취하다
こわれる Ⅱ	壊れる	부서지다
ちゅういする Ⅲ	注意する	주의하다
けんかする Ⅲ		싸우다
すききらいする Ⅲ	好き嫌いする	음식을 가려 먹다
サボる Ⅰ		땡땡이치다
わるい	悪い	나쁘다
よわい	弱い	약하다
つよい*	強い	강하다
あまい	甘い	무르다, 후하다
しあわせ[な]	幸せ[な]	행복하다
しんぱい[な]	心配[な]	걱정스럽다
—にんのり	—人乗り	—인승
〜いか	〜以下	〜 이하
〜いじょう*	〜以上	〜 이상
〜までに		〜까지

문형 설명

조건문

1. 雪が たくさん 降ったら、早く うちへ 帰ります。 눈이 많이 오면 빨리 집에 갑니다.

● S1 たら、S2

가정 조건을 나타내는 표현이다.

'S1 たら' (S1 으면)는 가정 조건을 나타내며, S1이 성립했을 때 S2가 성립함을 나타낸다.

'S たら'는 동사문, 형용사문, 명사문의 '보통형, 과거형 +ら'의 형태이다.

		긍정	부정
V	ふる	ふったら	ふらなかったら
いA	たかい	たかかったら	たかくなかったら
なA	ひまだ	ひまだったら	ひまじゃなかったら
N	あめだ	あめだったら	あめじゃなかったら

2. 駅に 着いたら、電話して ください。 역에 도착하면 전화해 주세요.

● Vたら、S

'Vたら'(V으면)는 장차 반드시 일어날 것을 나타내는 경우에도 사용한다. S는 V가 완료된 후에 취하는 동작을 나타낸다.

3. 宿題が あっても、コンサートに 行きます。
숙제가 있어도 콘서트에 갑니다.

● S1 ても、S2

'어도'라는 뜻으로, 대립되는 조건을 나타내는 표현이다. S1에서 말한 조건 아래에서 당연히 일어날 것으로 예상되는 결과와 반대되는 일이 S2에서 일어남을 나타낸다.

'S ても'는 て형에 'も'를 붙여서 만든다.

		긍정	부정
V	かく	かいても	かかなくても
	ある	あっても	なくても
いA	たかい	たかくても	たかくなくても
なA	ひまだ	ひまでも	ひまじゃなくても
N	あめだ	あめでも	あめじゃなくても

① 地震が 起きます。　지진이 일어납니다.
'が'는 자연 현상이나 사고 등을 나타내는 조사이다.

② 8時までに 来て ください。　8시까지 와 주십시오.
'までに'는 동작을 해야 할 최종 기한을 나타내는 조사이다.

③ 学校に 来て ください。　학교에 와 주십시요.
'に'는 사람이나 물건이 이동할 곳(목적지)을 나타내는 조사이다.
방향을 나타내는 'へ'와 마찬가지로 'に'도 이동 동사 'いく' 'くる' 'かえる'와 함께 사용한다.

언어와 문화 정보

日本の時代 일본의 시대 구분

21

年 년

年	
B.C. 200	①
B.C. 100	
0	②
100	
200	
300	
400	
500	③
600	
700	
800	④
900	
1000	⑤
1100	
1200	⑥
1300	
1400	⑦
1500	
1600	⑧
1700	⑨
1800	
1900	⑩
	⑪
	⑫
2000	⑬

① 縄文時代
　조몬 시대

② 弥生時代
　야요이 시대

③ 大和時代
　야마토 시대

④ 奈良時代
　나라 시대

⑤ 平安時代
　헤이안 시대

⑥ 鎌倉時代
　가마쿠라 시대

⑦ 室町時代
　무로마치 시대

⑧ 安土桃山時代
　아즈치 모모야마 시대

⑨ 江戸時代　에도 시대

⑩ 明治　메이지 시대

⑪ 大正　다이쇼 시대

⑫ 昭和　쇼와 시대

⑬ 平成　헤이세이 시대

154

22 식사를 만들어 주었습니다

회화문

셀칸 : 와타나베 씨, 여러 가지로 신세 졌습니다.

와타나베 : 아니요, 저야말로.

셀칸 : 아플 때 (병 때) 식사를 준비해 (만들어) 주었지요.

와타나베 : 아, 그랬지요.

셀칸 : 아주 기뻤습니다.
정말 감사합니다.

와타나베 : 저도 셀칸 씨에게 여러 가지 배워서 (셀칸 씨가 여러 가지 가르쳐 주어서) 터키에 대해서 잘 알게 됐습니다 (터키의 일을 잘 알았습니다). 인턴십은 언제부터입니까 ?

셀칸 : 다음 주부터입니다.

와타나베 : 나가사키에 가서도 열심히 하십시오.

셀칸 : 네. 기회가 있으면 나가사키에 놀러 오십시오 (와 주십시오).

와타나베 : 고마워요. 부디 건강하게 (지내십시오).

어휘

にんぎょう	人形	인형
ハンカチ		손수건
けいこうとう	蛍光灯	형광등
けが		상처
プロジェクター		프로젝터
ひ	日	날
とおく	遠く	멀리
インターンシップ		인턴십
たのしみ	楽しみ	기대함
みなさま	皆様	여러분 ('みなさん'의 정중한 말투)
こと		일, 사정
きかい	機会	기회
こちら		여기 ('ここ'의 정중한 말투)
そちら＊		거기 ('そこ'의 정중한 말투)
あちら＊		저기 ('あそこ'의 정중한 말투)
くれる Ⅱ		(나에게) 주다
つれて いく Ⅰ	連れて 行く	데리고 가다
つれて くる＊ Ⅲ	連れて 来る	데리고 오다
みる Ⅱ	見る	보다, 살피다, 알아보다
なおす Ⅰ	直す	고치다
とりかえる Ⅱ	取り替える	갈다
ごうかくする Ⅲ	合格する	합격하다 (시험＋に)
わたす Ⅰ	渡す	건네다
つける Ⅱ		켜다
くばる Ⅰ	配る	나누어 주다
うれしい		기쁘다
この あいだ	この 間	저번에

～けん	～県	～현
～と	～都	～도
～し	～市	～시
～く	～区	～구
～さま	～様	～님 ('～さん'의 정중한 말투)
ごめん。		미안해. ('すみません'의 보통체 말투)
おせわに なりました。	お世話に なりました。	신세 졌습니다.
いいえ、こちらこそ。		아니요, 저야말로.
おげんきで。	お元気で。	건강하게 (지내십시오).
おげんきですか。	お元気ですか。	안녕하십니까?
そうでしたね。		그랬지요.

トルコ		터키
ぶんきょうく	文京区	분쿄구
こいしかわ	小石川	고이시카와
ながさき(けん)	長崎(県)	나가사키(현)
うえだし	上田市	우에다시
うえだ	上田	우에다

문형 설명

동사문 5 : 수수 동사 (授受動詞)

1. 渡辺さんは わたしに 本を くれました。

와타나베 씨는 저에게 책을 주었습니다.

● N1(사람)に N2(물건)を くれる

'くれる'는 물건을 받는 사람이 화자나 화자 그룹 중의 일원(가족 등 화자와 가까운 사람)인 경우에만 사용한다. 한편 'あげる'는 받는 사람이 화자나 화자 그룹이 아닌 경우에 사용한다. 따라서 'わたなべさんはわたしにほんをあげました'는 잘못이다.

渡辺さんは わたしに 本を くれました。
와타나베 씨는 저에게 책을 주었습니다.
渡辺さんは 妹に 本を くれました。
와타나베 씨는 (제) 여동생에게 책을 주었습니다.
渡辺さんは リンさんに 本を あげました。
와타나베 씨는 린 씨에게 책을 주었습니다.

나 /
나의 그룹   くれます

2. 渡辺さんは わたしに 日本の 歌を 教えて くれました。

와타나베 씨는 저에게 일본 노래를 가르쳐 주었습니다.

● Vて くれる

'くれる'는 동사의 て형에 붙어서 '누군가의 행위에 의해서 화자에게 혜택을 주는 일'을 나타내어, 행위의 수혜자 입장에서 감사의 뜻을 전한다. 본동사로 사용되는 경우와 마찬가지로 이익, 혜택을 받는 수혜자는 화자 또는 화자 그룹에 속한 사람이다.

동작을 하는 사람이 주어가 된다.

① 渡辺さんは わたしに 日本の 歌を 教えました。
와타나베 씨는 저에게 일본 노래를 가르쳤습니다.
② 渡辺さんは わたしに 日本の 歌を 教えて くれました。
와타나베 씨는 저에게 일본 노래를 가르쳐 주었습니다.

①은 와타나베 씨가 노래를 가르쳤다는 사실을 말하고 있을 뿐이지만, ②는 와타나베 씨가 가르침으로써 이익을 얻었다는 화자의 마음이 나타나 있다.

이처럼 て형과 연결된 수수동사(授受動詞)는 그 동작을 나타내는 동시에 이익이나 혜택을 주고 받음도 나타낸다.

3. わたしは 渡辺さんに 日本の 歌を 教えて もらいました。

저는 와타나베 씨에게 일본 노래를 배웠습니다(가르침을 받았습니다).

●V て もらう

화자가 누군가의 행동에 의해서 이익이나 혜택을 받는다는 표현으로, 화자는 받는 사람의 입장에서 감사의 마음을 나타내고 있다.
이익이나 혜택을 받는 사람이 주어가 된다.

わたしは 渡辺さんに 日本の 歌を 歌って もらいました。

와타나베 씨는 저를 위해서 일본 노래를 불러 주었습니다(저는 와타나베 씨에게서 일본 노래를 불러 줌을 받았습니다).

여기에는 '저는 와타나베 씨가 일본 노래를 부른 것에 대해서 감사한다'는 뜻이 포함된다.

4. わたしは 渡辺さんに わたしの 国の 歌を 教えて あげました。

저는 와타나베 씨에게 우리 나라(제 나라) 노래를 가르쳐 주었습니다.

●V て あげる

이것은 화자가 화자 그룹이 아닌 사람에게 이익이나 혜택을 준다는 뜻이다. 혜택을 주는 사람이 주어가 된다.

わたしは 渡辺さんに わたしの 国の 歌を 歌って あげました。

저는 와타나베 씨에게 우리 나라(제 나라) 노래를 불러 주었습니다.

이 표현은 건방진 인상을 줄 수도 있으므로, 화자가 손윗사람에게 무엇인가를 하는 일(한 일)을 그 사람에게 직접 말하지 않는 것이 좋다.

---

① A: だれが 浴衣を 貸して くれましたか。 누가 유카타를 빌려 주었습니까?
　B: 渡辺さんが 貸して くれました。 와타나베 씨가 빌려 주었습니다.

'だれ' 'どこ' 'なに' 'いつ' 등의 의문사 뒤에는 주제를 나타내는 조사 'は'가 아니라 'が'를 사용한다. 또 그 물음에 답할 때도 조사 'が'를 사용한다.

② トルコ語を 教えて くれて、ありがとう。 터키어를 가르쳐 주어서 고마워요.

'V てくれて、ありがとう'는 청자의 행동으로 인하여 혜택을 입은 것에 대하여 화자가 감사의 뜻을 나타내는 표현이다. 손윗사람에 대해서는 'V てくださって、ありがとうございます'를 사용한다.

언어와 문화 정보

年賀状（ねんがじょう） 연하장

1. **十二支（じゅうにし）** 십이지

   ねずみ　うし　とら　うさぎ　たつ　へび
   うま　ひつじ　さる　とり　いぬ　いのしし

2. **年賀状（ねんがじょう）を書（か）きましょう** 연하장을 씁시다.

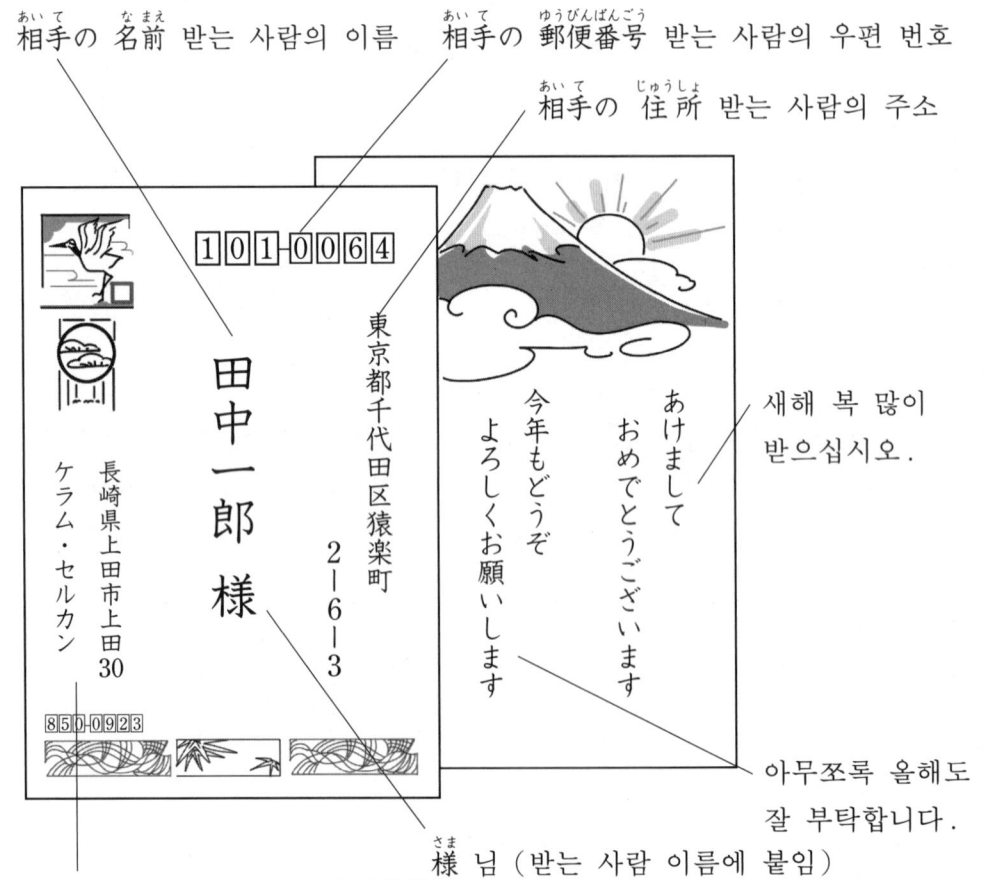

   相手（あいて）の 名前（なまえ） 받는 사람의 이름
   相手（あいて）の 郵便番号（ゆうびんばんごう） 받는 사람의 우편 번호
   相手（あいて）の 住所（じゅうしょ） 받는 사람의 주소

   101-0064
   東京都千代田区猿楽町 2-6-3
   田中一郎 様
   長崎県上田市上田 30
   ケラム・セルカン
   850-0923

   あけまして おめでとうございます
   今年もどうぞ よろしくお願いします

   새해 복 많이 받으십시오.
   아무쪼록 올해도 잘 부탁합니다.

   様（さま） 님（받는 사람 이름에 붙임）
   自分（じぶん）の 住所（じゅうしょ）と 名前（なまえ）と 郵便番号（ゆうびんばんごう） 보내는 사람의 주소, 이름, 우편 번호

まとめ 4

어휘

ぼく	僕	나 ('わたし'의 보통체 말투로 남자가 사용함)
けしゴム	消しゴム	지우개
ドア		문
しょうがっこう	小学校	초등학교
みんな		모두들, 친구들
こえ	声	목소리
ぶん	文	문장
おどろく　I	驚く	놀라다
さびしい	寂しい	외롭다
ある ～		어느 ～
おなじ ～	同じ ～	같은 ～
～くん	～君	～ 군 ('～さん'의 보통체 말투로 주로 남자에 대하여 사용함)
おめでとう。		축하해.

いしだ	石田	이시다
ゆうた	勇太	유타

巻末(かんまつ)

어휘

—ぶんの —	—分の —	—분의 —(분수)
おく	億	억
—てん—	—点—	—점 —(소수점)
かず	数	수
じこく	時刻	시각
ようび	曜日	요일
おととし		재작년
さらいねん	再来年	내후년
カレンダー		달력
—ねんはん	—年半	—년 반
かぞえかた	数え方	수를 세는 법
よびかた	呼び方	부르는 법
やまだ	山田	야마다
かたち	形	형태
チャート		차트

執筆者
山﨑佳子　東京大学大学院工学系研究科
石井怜子　朝日国際学院
佐々木薫　専修大学国際交流センター
高橋美和子
町田恵子　財団法人アジア学生文化協会日本語コース

翻訳
中村克哉

本文イラスト
内山洋見

カバーイラスト
宮嶋ひろし

装丁・本文デザイン
山田武

日本語初級1大地
文型説明と翻訳　韓国語版

2009年6月25日　初版第1刷発行

著　者　山﨑佳子　石井怜子　佐々木薫　高橋美和子　町田恵子
発行者　小林卓爾
発　行　株式会社スリーエーネットワーク
　　　　〒101-0064　東京都千代田区猿楽町2-6-3（松栄ビル）
　　　　電話　営業　03（3292）5751
　　　　　　　編集　03（3292）6521
　　　　http://www.3anet.co.jp/
印　刷　倉敷印刷株式会社

不許複製　　　　　ISBN978-4-88319-504-6　C0081
落丁・乱丁本はお取替えいたします。

●日本語学校や大学で日本語を学ぶ外国人のための日本語総合教材

大地（だいち）シリーズ

□ 初級文型の定着と運用力養成

日本語初級① 大地 メインテキスト

❖ 山﨑佳子・石井怜子・佐々木薫・髙橋美和子・町田恵子 著

B5判 199頁＋別冊解答 46頁 CD1枚付 定価 2,940円
〔978-4-88319-476-6〕

□ メインテキストに準拠。学習者の予習・復習に

日本語初級① 大地 文型説明と翻訳〈英語版〉
日本語初級① 大地 文型説明と翻訳〈中国語版〉

❖ 山﨑佳子・石井怜子・佐々木薫・髙橋美和子・町田恵子 著

B5判 162頁 定価 2,100円
英語版〔978-4-88319-477-3〕 中国語版〔978-4-88319-503-9〕

□ メインテキストに準拠。学習者の復習に

日本語初級① 大地 基礎問題集

❖ 土井みつる 著

B5判 60頁 定価 945円〔978-4-88319-495-7〕

● 日本語教師向け参考書

初級日本語文法と教え方のポイント

❖ 市川保子 著

A5判 462頁 定価 2,100円
〔978-4-88319-336-3〕
現場に結びついた文法書（教え方の本）

中級日本語文法と教え方のポイント

❖ 市川保子 著

A5判 482頁 定価 2,100円
〔978-4-88319-445-2〕
『初級日本語文法と教え方のポイント』に続く中級編

初級を教える人のための 日本語文法ハンドブック

松岡 弘 監修 ❖ 庵 功雄・高梨信乃・
中西久実子・山田敏弘 著

A5判 443頁 定価 2,310円
〔978-4-88319-155-0〕
日本語教師が初級を教えるのに必要な文法項目を網羅

中上級を教える人のための 日本語文法ハンドブック

白川博之 監修 ❖ 庵 功雄・高梨信乃・
中西久実子・山田敏弘 著

A5判 599頁 定価 2,520円
〔978-4-88319-201-4〕
中上級を教えるのにほしかった知識とその「種明かし」

すべて税込価格です

日本語学習教材の
スリーエーネットワーク

http://www.3anet.co.jp/
ホームページで新刊や日本語セミナーを紹介しております
営業広報部 TEL: 03-3292-5751 FAX: 03-3292-6194